교육개혁의 성공을 위하여

− 教育正道의 具現 −

효석 신극범 曉石 愼克範

1932년 충남 논산에서 태어나 연세대학교 영문과를 졸업하고, 서울대 교육대학원을 거쳐 미국 미시간주립대학교에서 철학박사 학위를 받았다.

1957년 교사 생활을 시작으로 OEC 교육관, 한국교육개발원 수석 연구원, 한양대 사범대 교수 및 학장 그리고 대통령교육문화수석을 거쳐 한국교원대학교, 광주대학교, 대전대학교에서 15년 간 총장직을 수행했다. 그리고 한국교육학회장, 한국학술단체총연합회장, 교육부 중앙교육심의회 위원장, 한국사립대학교총장협의회장을 역임했다.

이와 같이 교육학자 및 교육행정가로서 교육 발전에 쌓은 공을 인정받아 나라로부터 황조근정훈장과 국민훈장 무궁화장을 수훈했다. 그리고 모교인 대전고로부터 자랑스런 대능인상, 연세대로부터 연세를 빛낸 동문상, 미시간주립대로부터 자랑스런 동문상을 받았다.

교육개혁의 성공을 위하여
-教育正道의 具現-

초판 인쇄 2023년 8월 20일
초판 발행 2023년 8월 30일

지 은 이   신극범
펴 낸 이   박찬익
편 집 장   권효진
편집책임   정봉선

펴 낸 곳 박이정
주소 경기도 하남시 조정대로45 미사센텀비즈 8층 F827호
전화 031-792-1195 팩스 02-928-4683
홈페이지 www.pijbook.com
이메일 pijbook@naver.com
등   록 2014년 8월 22일 제2020-000029호

ISBN 979-11-5848-910-6 03370

* 값 20,000원

신극범 교육에세이

교육개혁의 성공을 위하여

-敎育正道의 具現-

신극범

　세상은 하루가 다르게 변해간다. 그 속에서 우리는 혼돈과 미망 속에 헤매고 있다. 여기에는 여러 가지 원인이 있겠지만 사람을 사람답게 만드는 우리 교육이 제자리를 잡지 못하고 있기 때문이 아닌가 싶다.

　교육이라는 화두를 붙잡고 평생을 살아온 필자는 이러한 현상에 대해 마음이 아프고 때로는 죄책감을 느끼기도 한다. 사람을 사람답게 하는 교육이야말로 인간사회에서 제일 중요하다는 생각에 교육정도, 즉 올바른 교육을 위해 헌신했다고 자부하면서도 역부족했다는 자괴감이 때로는 들기 때문이다. 우리교육이 교육 본연의 기능은 상실한 채 부와 명예의 도구로 떨어지는 지경에 이르게 된 현실이 안타깝기만 하다. 교육현장이 아예 이기적 입신출세의 살벌한 투기장으로 변한 느낌마저 든다.

　교육은 사랑과 믿음에 바탕을 두어야 하며 배움과 깨달음, 그리고 즐거움이 있어야 할 것이다. 나아가 인성과 지성과 덕성 그리고 저마다의 다른 자질을 일깨워 주고 길러줌으로써 인간이 누릴 최대의 행복을 향유하게 해야 할 것이다. 그럴 때 교육은 모든 인간에게 고루 부여된 권리이자 희망이 되는 것이라고 본다.

이 책은 저자가 바로 이런 생각을 가지고 평생 동안 교육이라는 화두에 매달려 살아오면서 여기저기 발표한 글들을 골라 모은 것이다.

제1부에서는 교육자의 신뢰 회복을 중심으로 글을 정리하였다. 교육자와 교육자 간, 교육자와 피교육자 간, 교육자와 학부모 간의 신뢰 회복이 무엇보다도 중요하다고 본다.

제2부는 정직한 사람을 만드는 교육이란 주제로 글을 정리한 것이다. 무엇보다도 교육은 어떤 수단이나 도구가 되어서는 안된다. 교육은 사람이 더욱 사람답게 살아가기 위한 것이며, 나아가 정직한 사람을 만드는 것이 주된 목적이 되어야 한다.

제3부는 정직한 국민이 '애국자이다'란 주제로 글을 정리한 것이다. 정직하다는 말은 어찌 보면 당연한 말인데도 이제는 이러한 당연함이 당연함으로 있게 하기 위해 더 많은 요소들이 필요한 시대가 되어버렸다.

필자는 교육이 바로 서야 인간이 인간답게 살 수 있다는 신념을 가지고 한평생을 교육에 바쳤다. 그래서 많은 부산물이 존재하게 되었다. 그러한 부산물을 한 권의 책으로 엮어 교육을 생각하는 분들과 지인들에게 공유하고자 한다.

　그런데 반세기 넘는 긴 세월에 걸친 글 들이다 보니, 다소 두서없고 체계도 서지 않았다는 아쉬움이 있다. 또한 교육에 대해 기술한 바, 필자의 생각과 걱정과 희망이 다소 거칠고 소루한 점이 있을 수 있다. 더러는 독자 제위와 견해 차이도 보일 수 있다. 하지만 이 책을 통해 교육에 대한 생각을 함께 나눌 기회로 삼아준다면 저자로서 큰 보람과 기쁨이 되겠다.

2023. 8.
신극범

2부. 정직한 사람을 만드는 교육

3부. 정직한 국민이 애국자이다

1부
교육자의 신뢰 회복

사학의 자유를 위하여

- 사학법폐지 및 사학진흥법 제정에 대한 토론 -

———

　오늘 사립학교법 폐지와 사학진흥법 제정 정책 토론회에 토론자의 한 사람으로 지명되어 이 자리에 참석하게 된 것을 한편으로 부끄럽고 한편으로는 죄송한 생각이 듭니다. 토론자는 근 50년간을 한국 교육계와 함께하며 오늘에 이르렀고 4년 전에 대전대학교 총장의 임기를 마치고 자유인이 되었습니다. 그리고 대전대 총장 재직 시에 한국사립대학교총장 협의회 회장을 맡아 사학법 개악 저지 운동에 참여한 경험도 있습니다. 우리나라 국민 중 자녀들의 교육에 대해서 걱정해 보지 않은 사람이 거의 없고 사회 각 분야에 교육과 관련이 없는 분야가 거의 없어 교육 문제에 대해서는 전문가들보다 국민들이 더 잘 알고 있다고 믿어집니다. 우리 교육의 문제를 해결 못 한 데 대해 자녀교육을 위해 고통을 받고 있는 학부모나 시민들로부터 원망을 듣기도 합니다. 그래서 제 스스로 부끄럽고 죄책감을 느낄 때도 있습니다. 그동안 우리 교육은 때로는 정치논리에 때로는 경제논리에 그리고 상황 논리에 이리저리 휩쓸려 이제는 교육의 정체성은커녕 그 개념조차도 아득하게 느껴지기도 합니다.

오늘 이 정책토론회는 우리나라 중등교육의 40%와 고등교육의 85%를 담당하고 있는 한국의 사학이 1963년 국민소득 100불 시대에 군사정부에서 사학을 통제하기 위해 만들어 놓은 법률이 국민소득 2만 불 시대인 오늘까지 존속하며 사학을 통제하고 오히려 분쟁을 조장시키는 현행법을 폐지하고 사학발전을 지원하는 법을 만들어야 한다는 시대적 요청에 부응하기 위한 "사학 살리기 정책 토론회"라고 생각합니다. 이러한 뜻에서 토론회를 주관하시는 여러분께 경의를 표하며 사학 정책의 혁명적 전환을 위한 결심이 있기를 바라면서 몇 가지 저의 소견을 말씀드리겠습니다.

먼저 이재교 교수의 발표내용을 요약하면 다음과 같다.

(1) 우리 사립학교법이 1963년 군사정권에 의해 제정되어 2009년 1월 현재까지 4회에 걸쳐 개정되었으나 출발부터 사학에 대한 육성이 아닌 통제였다. 그리고 사학법이 1963년 제정된 이래 2002년 노무현 정부 수립까지는 정권의 성격에 따라 권력이 비민주적일수록 사학에 대한 자율성이 약화되었다. 참여정부에 들어서서는 사립학교의 공공성을 빌미로 설립자의 관여를 축소하고 행정청과 교사집단에 의한 공영 즉 사학의 사회화를 도모하였다.

(2) 학교법인은 본질적으로 민법상의 재단법인이고 본질상 私法人이다. 학교법인은 사립학교를 설립 경영하는 주체이자 출연된 학교 재산의 사유재산권자로써 사법상 권리주체인 동시에 기본권의 주체이므로 헌법상 지위는 보장되어야 한다.

(3) 소수의 잠재적 범법자 때문에 다수의 정직한 사학까지 획일적으로 규제하는 것은 부당하다. 선진국형태로 사후규제로 전환하고 부정이 발생했을 때 엄하게 다스려야 한다.

(4) 사학은 교육에 대한 국가의 의무를 대신 행하고 있기 때문에 국가는 사학을 행·재정적으로 적극 지원하고 진흥하여야 한다.

(5) 중국의 사학육성진흥법, 일본의 사학진흥조성법 그리고 대만의 사립학교법이 모두 우리와 같은 통제가 아니라 정부의 지원 육성에 관한 것이다.

(6) 결론적으로 규제 위주의 현행 우리나라 사립학교법을 폐지하고 사학진흥법을 제정하여야 한다.

이상의 법률전문가이신 이 교수님의 현행 사립학교법의 부당성에 대한 법률적 분석에 대해 토론자는 대체로 공감하면서 몇 가지 토론자의 의견을 제시하고자 한다.

1. 우리 사회의 사학에 대한 관념적 불신 해소와 사학에 대한 올바른 이해를 촉구한다. 사학법의 문제의 접근은 사학에 대한 국민의 잘못된 인식의 문제 즉 사학에 대한 고착화된 불신을 어떻게 불식시키고 사학을 신뢰하고 사학 설립자를 존경하고 많은 인재를 길러 우리나라의 오늘의 발전을 이룩하는데 사학이 기여하였나를 인식시켜야 한다. 물

론 일부 사학들이 발전 과정에서 부조리 사례가 있어 사회적으로 물의가 된 바 있지만 사학 본래의 모습은 아니다. 그동안 사학에 대한 정부 감사기관들이 지적하는 비리 사례들은 불합리한 사학에 대한 규제 때문에 발생하는 수가 자주 있었다. 특히 교육 관련 사례들이 그러하다. 때로는 사건이 침소봉대하여 언론에 보도되어 국민들의 불신을 가중시킨 사례도 적지 않다.

우리나라 사학은 그동안 경영의 투명화, 인사관리 시스템의 합리화, 교육의 내실화 등 피나는 노력을 기울여 국공립에 못지않은 합리적이고 공정한 운영시스템을 갖추고 발전하고 있다. 물론 사학 불신 세력들이 주장하는 법인의 독선이나 비리가 아직도 존재한다면 이를 시정하기 위한 뼈를 깎는 자체 노력이 있어야 한다. 부정을 스스로 제거하지 않고 비리를 지적하는 사람을 무조건 좌파라고 책망하면 오히려 좌파를 양산하게 된다. 그리고 우파를 약화시키는 결과를 초래하기 쉽다. 사학의 불의를 우파라고 묵인하지는 않을 것이기 때문이다.

2. 우리나라 사학은 중학교 무시험제 실시와 고교평준화 정책 그리고 대학 입시를 정부가 관장하면서 학생선발권이 박탈되고 건학 이념에 따른 독창성과 자율성을 발휘할 수 없게 되었다. 1968년 중학교 무시험제를 사립학교에도 공립학교와 똑같이 적용하여 학교장의 권한이 축소되고 학생 납입금도 같이하여 재정적으로 정부에 의존하게 되었고, 1974년 고등학교 평준화 정책이 또한 중학교 때와 마찬가지로 학생선발권과 재정권을 위축되게 하였다. 오늘날 자립형 사립학교니,

자율학교니 하고 새로운 개혁인 양 추진하지만, 옛 제도로 회귀하는 것으로 볼 수 있다. 그때 사학의 독창성을 이해했으면 오늘 같은 시행착오는 없었을지도 모른다.

중학교 추첨 배정제도가 도입되었을 때 토론자는 외국학자들로부터 사립 학교는 어떻게 하느냐는 질문을 받고 공립과 똑같이 한다고 하니까 이해를 못 하고 다시 아니 사립학교는 어떻게 하느냐고 물었는데, 같은 대답을 하니까 아주 놀라는 것을 보았다.

3. 사학법을 폐지하고 사학 진흥법을 제정하는 일은 정치인의 몫이다. 정치권에서 입법 의지가 있어야 한다. 이들을 설득하는 일은 쉽지 않을 것이다. 정치는 표가 안되는 옳은 것을 쫓기보다 국민의 표를 의식하기 때문이다. 사학기관의 구성원 즉 법인과 대학 구성원인 총장, 교수, 학생, 학부모, 그리고 동창 등 모두가 사학법 폐지에 대한 의지를 함께 할 때 정치권의 지원을 받게 될 것이다. 표를 의식하지 않고 국가 발전과 인재 육성을 위해 사학 발전의 중요성을 인식하는 정치인의 용기를 필요하다. 법인과 대한 구성원이 힘을 모아 사학법을 폐지하고 새 시대에 맞는 사학진흥법 제정을 위한 홍보 그리고 캠페인을 벌여야 한다.

4. 사립학교법 폐지와 사학육성법 제정을 위한 캠페인은 교육계뿐만 아니라 사회 각계가 참여하도록 거국적으로 이루어저야 할 것이다. 교육정책은 다른 정책과 달리 국가의 미래를 이끌어갈 인재 양성을

위한 중대한 과제이기 때문에 여야 없이 함께 노력하여야 한다. 사학육성 발전에 반대할 사람은 없을 것이다. 사립학교법은 1963년 제정 된 이래 앞에서 제시 한 바와 같이 사학 측의 계속된 폐지 요구를 받아 왔다.

1985년에 사학의 활성화를 위한 사학육성법을 제정할 것을 대한사립 중고등학교교장회가 건의 바 있는데 참고로 그 내용을 소개하면 다음 과 같다. (손 인수 저: 한국 교육사, 문음사, 1987. p.764)

(1) 국가 또는 지방자치단체는 사학기관에 세제 혜택 및 재정지원 시책을 강구하도록 함

(2) 사학기관의 육성 발전을 위한 교육정책을 심의하기 위하여 문교부 장관 소속 하에 사학정책심의회를 설치하고 시 도 교육위원회에 지방 사학 심의회 를 두어 사학 정책의 효율화를 도모하도록 함

(3) 국가는 사립학교에 대하여 교원 인건비와 경상비의 부족액과 시설비를 보조하고 보조기준 배분방법, 정산방법 등을 규정하도록 함

(4) 사학기관의 시설을 용이하게 확보하기 위하여 교육에 필요한 국공유재 산을 무상 양여 또는 대부할 수 있도록 함

(5) 사학기관의 육성에 필요한 재원을 확보하기 위하여 사학육성기금을 조성하도록 함

(6) 기금의 조성은 정부 및 정부 이외 자의 출연금 및 기부금, 차입금 및 채권 발행

(7) 기금의 배부, 상환 방법 등을 규정토록 함

5. 문민정부 이후 문제 사학법인에 대한 임시이사 파견제도가 잘 못 운영 되고 있다. 문제 사학에 임시이사를 파견하는 제도는 최단시일 내에 문제를 해결, 조정하고 정상화하기 위한 것이다. 건물에 화재가 났을 때 소방수는 불을 진화하면 바로 집을 주인에게 일임하고 복귀하는 것이다. 그러나 이전과는 달리 임시이사들이 학교를 정상화하기보다 오히려 분쟁이 장기화되고 때로는 임시이사들의 취직처가 된 경우가 허다하다. 현재 임시이사 파견 학교 수를 보면 4년제 대학이 13개, 전문대학이 5개, 중등사학법인 15개에 27개교이다. 최초 임시이사 파견기간이 20년이 된 대학도 아직 임시이사체제로 있는 대학이 있다. 그리고 지난 정부 때 선임된 임시이사들은 대부분 재야인사 이거나 친정부인사로 설립법인에 대한 이해가 부족한 경우가 많이 있었다고 생각한다. 임시이사 재임 기간이 장기화함으로써 사학경영권이 박탈당한 사례도 있다. 때로는 감독관청이 임시이사 파견 사유가 해소된 후에도 정 이사체제 전환이 지연되어 학내문제를 증폭시킨 경우도 있어 그 본연의 역할을 다하지 못하고 있다.

6. 시대착오적인 규제 위주의 사립학교법을 하루속히 폐지하고 WTO, FTA 등 교육시장 개방에 적극 대비하여야 한다. 세계 21세기 무한경쟁시대를 맞이하여 교육의 수월성을 확보하고 국제사회가 요구하는 경쟁력 있는 인재 양성을 위해 사학법인과 학교의 구성원들은 사학 본연의 기능을 회복하는데 합심하여 노력할 것이며, 정부는 지금까지의 통제 중심의 사학 정책을 지원정책으로 대전환하여 사학의 발

전을 지원해야 한다. 현재의 우리 사학법은 사학 발전에 도움을 주기보다는 사학 운영을 더욱 어렵게 만들고 사학 구성원 간에 반목과 불신과 분쟁을 야기케 할 위험성이 크다. 더욱이 비리를 빙자하여 이사회의 권한을 축소하여 교직원이나 학부모, 학생에게 경영을 맡길 수는 없는 것이다. 이러한 불신에 바탕을 둔 현행 사립학교법은 이제 폐지하고 신뢰를 바탕으로 하는 사학 지원법으로 개편되어야 할 것이다.

7. 끝으로 우리는 사학문제뿐만 아니라 우리나라의 교육 현실에 대한 정확한 인식과 교육개혁을 위한 발상의 대전환이 필요하다. 우리 교육이 국·공·사립 구분 없이 획일적으로 정부의 통제를 받게 된 것은 부정을 예방한다는 명분에서였다. 아주 부끄러운 일이다. 교육정책은 신뢰를 바탕으로 한 자율성이 생명이다. 오직 우수한 인재를 육성하기 위하여 학교를 어떻게 발전시켜야 할 것 인가를 고민하여야 한다. 심각한 우리 교육 현실을 슬기롭게 극복하고 한국교육을 바로 세우기 위한 국민적 각성이 필요 한 때다.

2009년 현재 미국에 유학 중인 한국학생 수가 13만 5천 명이며 이 중 3만여 명이 초·중등 학생이라고 한다. 10 수억 인구를 가진 인도나 중국보다 우리 한국이 미국에 더 많은 학생을 유학 보내고 있다는 것은 국내 교육에 대한 불만의 증거이며 결코 자랑거리가 될 수 없다. 우리나라 초등학생 수가 380만이다. 대학생 수는 2008년 현재 350만이다. 초등학생 수와 대학생 수가 맞먹는 나라는 지구상에 대한민국밖에 없을 것이다. 2008년 신생아 수가 45만인데 전문대학을 포함한 정규대학 신입생 모집정원이 65만 명이다. 그럼에도 불구하고 우리 교육정책은 대학 신입생 선발제도를 정부가 과장하며 3불이니 2불이니 하면서 대학에 약속한 자율권을 주지 못하고 있다. 모두가 대학 입시부정을 예방한다는 명분에서다. 지난 10년 동안 사교육이 만연되어 도시 농촌을 막론하고 유치원 초등 중고등 대학생에까지 번지고 있다. 초·중·고등학생은 상급학교 진학을 위한 내신성적을 올리기 위해서, 대학생은 취직시험 준비를 위해서다. 이것이 모두 창의적 개성과 적성에 따른 교육을 불가능하게 하는 우리 교육의 획일적 통제가 주원인이 아닌가 싶다. 사교육비 총액이 30조가 되는 것으로 추산한다. 우리나라 교육이 우리의 귀한 자녀 청소년에게 미래에 대한 희망을 주어야 하는데 그렇지 못한 현실에 대해 우리 모두가 심각하게 고민하여야 할 때가 왔다. 사학 운영의 자율화부터 시작하여야 한다고 생각한다.

"젊은이를 가르치고 교육시키는 것보다 더 위대하고 좋은 선물을 국가에 바칠 수 있는가?" 키케로가 한 말입니다.

2009. 7. 9
국회의원회관 대회의실
신 극 범 순천향대학교 석좌교수

교단 초년생과 교장선생님

———

대학을 막 졸업하고 집안 어른들께 인사를 드리러 고향인 대전에 내려갔다. 대전공고(현 대전산업대학)의 후원 회장을 오래 동안 역임하셨던 백부님께서 金寅洙 교장선생님께 가서 인사를 드리라는 말씀을 듣고 이튿날 김교장 선생님을 학교로 찾아가 인사를 드렸다. 때마침 이 학교에 영어 교사가 필요하니 이력서를 써 오라는 말씀이었다. 너무나 뜻밖의 요청이어서 어리둥절하였다.

대전공고는 내가 다닌 대전중 고교와 쌍벽을 이루는 라이벌 학교로 기술교육에는 국내에서 우수한 학교였고 김인수 교장선생님은 일제시대부터 이 학교에서 수학 교사로 계셨고, 해방 후 도(道)학무과장을 하시고 이 학교 교장으로 역임하신 존경받는 원로 교육자였다.

그리하여 교장선생님의 말씀을 거역하는 것은 당시로써는 불경한 행동이라고 생각하여 이력서를 써서 드렸더니 다음 주부터 학교에 나오라는 것이었다.

그리하여 나는 대학을 졸업한 후 생각할 여유도 없이 곧바로 교단에 서게 되었다. 벌써 37년 전의 옛 추억이 되었지만 나의 인생에 가장 잊을 수 없는 계기가 되었다. 교무 주임이 연세대 상과 출신으로 신출에게 많은 지도를 해주었다. 고등학교 동기생이 영어 교사 6명 중 4명이나 되었다. 새로 시작한 학교생활이 전연 낯설지 않았다. 주위의 많은 선배 교사들의 협조 때문이었다.

교장선생님께서 나를 2학년 영어를 담당토록 하셨다. 그리고 1시간은 독일어를 가르치도록 하였다. 사실 독일어는 내가 고교 때, 그리고 대학 1학년때 조금 공부를 하여 아주 기초밖에는 몰랐다. 그리하여 양심의 가책을 느끼지 않을 수 없었다. 그러나 학생들은 좋아했고 열심히 수업 준비를 하여 즐거운 교단생활을 하였다. 결근한 교사의 수업을 대신 맡는 일을 자원하기도 하였다.

어느 날 교장선생님께서 나의 영어 수업 시간에 예고 없이 들어오셔서 참관을 하셨다. 나는 이에 개의치 않고 평상시와 같이 수업을 이끌었다. 이튿날 교장선생님께서 찾으시더니 다음 주부터 3학년 영어 수업을 맡으라고 하셨다. 아마도 신출 교사지만 능력이 생각보다 높게 느끼신 모양이었다. 그리하여 나는 2학년 영어 담당에서 3학년 담당 교사로 바뀌게 되었다.

그 뿐만이 아니었다. 대전공고는 서울의 경기공고(현 서울산업대학)와 부산공고(현 부산산업대학)와 더불어 1955년부터 UNKRA(국제연합 한국재건 본부)와 OEC(경제조정관실)의 기술 지원을 받아 많은 외국 전문가가 학교에 찾아오고 교사들에 대한 기술 훈련을 지도하였다. 나는 학교 대표로서 이들을 접하게 되었다. 이것이 계기가 되어 OEC교육국에서 나를 2년간 교육관(educationist)으로 파견해 줄 것을 김 교장선생님에게 청하여 왔다. 물론 봉급은 OEC에서 학교 봉급의 두 배를 준다는 것이었다.

이 요청을 김 교장선생님께서는 흔쾌히 허락하셨다. 2년간 OEC 본부에서 교육관으로 일하며 영어와 교육학에 큰 경험이 쌓이고 훌륭한 교사로 발전할 것이라는 기대에서였다. 그리하여 나는 서울로 옮겨 전국의 기술 교육 기관을 지원하고 교사를 훈련시키는 업무를 수행하는 교육관이란 직명으로 새 출발을 하게 되었다.

학교를 떠난 후에도 나는 김인수 교장선생님을 가까이서 자주 모셨다. 나의 주례로 모시어 그의 가르침을 받았고 투철한 그의 교육관은 민족애와 국가관, 그리고 교육애가 충만하여 나의 오늘이 있기까지에 많은 감화를 주셨다. 김 교장선생님은 경복고, 서울공고, 동양공전 등에서 교장으로 계시다 이미 타계하셨다. 내가 한양대 교수로 교직국장을 겸하고 있던 1982년 5월 스승의 날에 당시 대한 교련에서 주관한 "은사의 밤"에 나는 김 교장선생님을 스승으로 모시고 경건한 위로와 감사를 드릴 기회가 있어 흐뭇한 마음을 가졌다. 내가 교수 겸임 국장으로서 사도헌장 제정과 스승의 날의 기념일 제정과 초 중등 호봉 격차 해소, 교직 수당의 인상 등 교권 확립을 위한 많은 정책들을 경제 기획

원, 총무처, 법제처 등 여러 관계 부처들과 싸워 이겨낸 이야기들을
김 교장선생님을 모시고 같이 나누면서 은사의 감사함에 더욱 크게
보답할 것을 약속하였다.

　비록 그 분이 몇 해 전에 타계하셨지만 나는 오늘도 그의 철저한
교육자적 지도력을 존경하고 그의 뜻을 실천하는 데 게을리 하지 않으
려 노력하고 있다. (1994. 2. 1)

신한국 창조와 내적 개혁

———

　온 국민의 부푼 기대와 희망 속에 新韓國 創造를 표방하고 새 정부, 새 시대가 출범의 닻을 올렸다. 신한국 창조라는 과제는 추상적인 표현이지만, 무엇보다도 매몰되고 마비된 도덕성의 회복(Moral Rebirth)이라는 내적 개혁과 새로운 가치관의 정립에 의해서만 성취될 수 있는 우리 모두의 과제라 하겠다.

　따라서 '신한국 창조'란 외형적이고 물질적인 창조가 아니라 구습과 안일의 늪에 안주하던 舊殼을 깨뜨리고, 극단의 물신주의와 이기주의에 매몰된 도덕성을 회복하는 자아 혁신의 다짐에 의해서만 가능한 과제이기에 너와 나의 편 가름이 없이 우리 모두가 거듭나는 日新又日新의 청신한 생활 기풍과 준엄한 자기 성찰이 요청되는 것이다. 도덕성의 회복은 거친 구호나 제도가 아니라 조용한 가운데서 스스로를 점검하여 자기의 본래를 되찾는 실천적 윤리인 것이다.

우리는 그 동안 정치적 변혁기나 교체기마다 개혁, 척결, 일소 등 거칠고 서슬 퍼런 구호를 매번 접해 왔으나, 有也無也한 일과성에 그치고 만 느낌이 없지 않다. 그것은 병인에 대한 정확한 진단과 처방 없이 다만 對症療法에 의한 미봉적인 조치였기 때문에 실효 없이 요란한 일과성에 그칠 수밖에 없었다고 생각된다.

우리의 병인은 외적인 데 있지 않고 내적인 것이다. 언제나 인간 사회의 병인은 내적인 것이다. 그러면 '韓國病'이라 일컬어지고 있는 우리의 病因은 어디에 있고 그 처방은 무엇인가?

病因은 도덕성의 마비요 따라서 처방은 그것의 회복이다. 진단과 처방은 간단명료하지만 치료는 구호처럼 간단한 성질의 것이 아니다. 우리는 선조들로부터 드높고 빛나는 정신적 전통을 자랑스런 유산으로 물려받았으나 그것을 잊고, 아니 버리고 다만 물신의 노예가 되어 뿌리 없는 삶을 살게 되었다. 見利思義의 매운 가르침은 외면하고 이해득실을 따라 離合集散을 다반사로 하게 되었다.

우리 선조들이 끼친 드높은 정신과 문화의 정화인 선비 정신, 학문에 대한 존중과 예술을 향한 사랑, 준열하고 엄격한 도덕율, 청빈과 지조, 매운 얼과 꼿꼿한 자존과 긍지 어느 덕목 하나 버릴 수 없는 금쪽같은 소중한 우리의 정신적 유산이 아닌가?

溫故知新의 교훈은 우리가 위대한 선조를 모셨기에 그 어느 때보다도 절실한 교훈이 아닐 수 없다. 옛 어른들의 그 맵고 드높은 정신을 오늘에 되살려 발전적인 미래를 개척하는 것이 도덕성의 회복이요, 나아가 신한국 창조의 길이라고 생각된다.

따라서 신한국 창조는 먼 데 있는 것이 아니라 선조들의 가르침에 대한발전적인 재창조요. 그들의 정신을 되찾는 회복에서 찾아야 할 것이다. 그것은 부질없는 복고 취향이 아니라 역사의 가르침이라고 생각된다.

우리는 멀리는 조선조를 지탱해 온 황희黃喜 정승을 비롯한 수많은 청백리들과 가깝게는 단재 신채호丹齋 申采浩, 일석 변영태逸石 卞榮泰 등 역사상에 별처럼 빛나는 지조와 청백의 표상을 보며, 그리고 오늘도 皆獨獨淸의 자세로 分外의 것을 넘보지 않고 安貧하는 훌륭한 분이 계심을 볼 수 있다.

엄격한 도덕률이 무너지면서 잡초처럼 무성히 돋아난 온갖 비인간적인 부정과 비리의 뿌리를 도려내기 위해서는 매몰된 도덕성을 회복하는 일관된 노력이 요청된다. 개혁은 快刀亂麻하듯, 칼로 무 베듯 그렇게 성급하고 쉽사리 되는 것이 아니라고 생각한다.

여기서 愚公移山의 우화는 우리에게 시사 하는 바 크다고 하겠다. 우공은 태산이 가로막아 바깥나들이가 여간 불편하지 않았다. 그래서 삽으로 산을 파서 지게로 옮겨 길을 내려고 그 일에 전력했다. 어처구니 없이 미련스런 그의 행동을 지켜보던 벗 知由가 그의 愚行을 탓하자, 그는 다음과 같이 대답했다고 한다. "산은 높아질 리 없고, 내가 죽으면 아들이 하고, 손자가 하면 언젠가는 마침내 길이 뚫릴 것이다."

우리의 조급증에 좋은 교훈을 주는 우화가 아닐 수 없다. 일관된 의지와 인내에 의해서만 개혁은 그 결실의 열매를 얻을 수 있을 것이다. 신한국 창조를 위한 도덕성의 회복은 바람직한 인간의 육성에 의해서만 가능하다. 교육을 신분 상승의 수단으로 보는 수단적 교육관을 불식하고 교육은 바람직한 인간육성이라는 목적적 교육관이 확립될 때 교육은 제자리를 잡아 바로 세워질 것이다. 이를 실현하기 위하여 우리 사회에 만연되어 있는 학벌주의에서 능력주의로의 구조적 전환이 이루어져야 할 것이다.

땀의 정직성과 성실성이 정당하게 평가받아 자아를 실현할 수 있는 사회가 바로 우리가 추구하는 신한국의 모습이라고 생각한다. 교육을 바로 세우기 위해서 무엇보다도 중요한 것은 우리 모두는 교육자이자 피교육자라는 인식을 새롭게 해야 할 것이다. 그런 의미에서 우리는 교육적 존재이며 교육의 수임자이다. 국민 모두가 교육의 주체이며 객체이기에 도덕성 회복을 통한 신한국 창조의 주체 또한 우리임을 인식해야 할 것이다.

오늘의 형식적 교육, 즉 학교 교육은 그 대량화, 거대화, 획일화로 인하여 많은 문제점을 안고 있으며 비형식적 교육 또한 비교육적 환경으로 오염되어 있다. 이러한 현실 상황에서 우리 모두가 교육자라는 인식을 확고히 하고 사회 전체가 교육의 장이라는 인식하에 성실, 정직, 근면을 몸소 보여 줄 때, 우리의 잃었던 도덕성은 되살아나 신한국은 창조되리라 확신한다.

일찍이 부르너(Bruner)는 '교사는 가장 훌륭한 교재이며 敎具' 라고 했다. 우리 모두가 가장 훌륭한 교재, 교구가 될 때, 우리 사회는 화창한 도덕성이 활짝 개화하는 새로운 한국을 이룩하게 될 것이다.

교육자는 단순한 지식의 전수자가 아니라 전인격적 감화자로서 동일시의 대상이다. 우리 모두가 동일시의 대상이요, 인격적 감화자임을 깊이 인식하고 부단히 나를 점검하고 행동 양식과 사고방식을 쇄신하면 우리가 추구하는 정의가 꽃 피는 사회는 실현되리라 생각한다.

그러기 위해 우리 모두, 아니 나부터 換骨脫胎하여 새로운 의식, 새로운 사고, 새로운 행동으로 彈冠振衣하고 신한국 창조의 자랑스런 역군으로 나서야 할 것이다.   (1993. 4. 15)

교육 평가 철학의 재정립

———

교육이란 사람을 만드는 활동이다. 흔히 교육학자들이 교육 과정의 영역을 지적 영역, 정의적 영역, 그리고 신체적 영역으로 분류하지만 이러한 모든 영역의 활동은 사람을 얼마나 만들었느냐로 귀결되어야 마땅할 것 같다. 오늘의 우리 교육이 너무나 분석적이고 지엽적인 말단적 잔재주나 기술의 습득에만 치우쳐 사람으로의 연결이 결여되고 인간성 상실이 크게 염려되어 인간화 교육의 필요성이 강조되고 있는 것은 당연한 이치이다.

그러나 인간화 교육을 이루기 위해서는 교육 평가에 대한 새로운 철학의 정립이 없이는 불가능한 것이다. 우리 교육이 양적으로 세계 다섯 손가락 안에 꼽힐 정도로 성장을 했고, 국민의 교육열에 있어서는 제일이다 하여도 과언이 아니나 교육 체제 안을 살펴보면 문제가 적지 않음을 알 수 있다.

중학교 무시험 추첨 입학, 고등학교 평준화와 추첨 배정뿐만 아니라 대학입학 학력고사의 국가 관리 모두가 교육 본질보다도 교육 외적 문제 해결의 수단으로 시도된 것이다.

따라서 교육의 본질적 문제 해결은 뒤로한 채 악순환만을 거듭하고 있음은 최근의 과열 과외 재개 현상이 이를 입증하고 있다. 근 10년간 과외 하는 사람은 법으로 다스렸지만 과외가 없어진 것이 아니라 음성화하여 값만 올려놓았고 독버섯처럼 번지고 있어 다시 사회 문제화 조짐마저 있다. 이의 치유를 위한 방안 제시를 제대로 못한 교육학자들의 책임도 없지 않은 것으로 생각된다.

이러한 비교육적 현상의 치유는 근본적으로 교육 평가에 대한 새 철학의 정립으로 가능할 것으로 보인다. 특히 대학 입시 제도는 크게 수정되어야 할 것이다.

새로운 평가 철학의 정립을 위하여, 첫째로, 교육 평가는 목표에 도달하는 과정이 결과 못지않게 중요시되어야 한다. 우리의 입시 평가는 지나치게 객관적인 ○, ×식 답에만 치우쳐 과정이 무시되고 있다. 오늘날의 청소년들의 흑백 논리나 인내심의 결여는 객관식 시험 제도의 훈련에 기인하는 것이 아닌가 의심스럽다.

둘째로, 교육 평가는 객관적 시험 자료에 전적으로 의존하는 현 제도는 암기 위주의 단편 지식만 측정할 뿐만 아니라 요행수만 조장하기 쉽다. 실제로 미국에서 많이 사용하고 있는 객관 시험들은 참고 자료의 역할을 하고 이 자료의 적용 비율은 명문 학교일수록 낮다. 유럽의 각종 시험은 거의가 모두 주관식 시험이다. 그리고 평가자의 절대 권한을 인정하며 신뢰한다.

셋째로, 교육 평가는 상대 평가보다도 절대 평가가 더욱 중요시되어야 할 것이다. 우리의 교육 평가는 지나치게 경쟁만을 유도하여 교육의 본 목표에 어긋나는 예가 흔히 있다. 입시에서 수학 능력을 평가하는 것이 아니라 경쟁이 없으면 그대로 합격이 되고 개인별 능력의 차이도 문제되지 않는 경향이 있다.

넷째로, 교육 평가는 인간의 다양한 특성이 존중되는 평가이어야 한다. 우리나라의 교육 평가는 너무 획일적이어서 모든 학생에게 모든 교과에 100점을 요구하고 있다. 즉 예술가에게도 수학을 잘하기를 바라고 과학자에게도 예술을 강조하는 것과 같아서 창의성이나 개별적 소질이 무시되는 평가 체제다. 분야에 따라 100점보다 60점이 나을 수도 있다는 것을 인정해야 한다.

다섯째로, 현재의 교육 평가는 학습자에게만 책임을 묻는 것과 같다. 교육의 과정에 투입되는 모든 요소가 평가될 수 있도록 종합적인 평가 체제의 개발이 필요하다. 교육의 질을 높이기 위한 교육 환경이나 교사의 자질이나 가정환경의 개선에까지 유도될 수 있도록 교육 평가의 폭을 넓혀야 할 것이다.

여섯째는, 교육 평가가 지나치게 계량화에만 치우쳐 그 값이 나타나는 의미가 무엇인지에 대한 고려가 필요한 것 같다. 지나치게 모든 것을 점수화하여 학생들을 등급화하고 레벨을 붙이는 것은 비교육적일 뿐만 아니라 학생의 장래 발전에 장해가 될 수 있다. 특히 검정마저도 안 한 외국의 각종 검사들을 활용, 그 결과로 평가 기준을 삼는 것은 우리 교육계가 하루 속히 지양해야 할 것이다.

끝으로, 교육의 평가는 수치 그 자체에 앞서 철학의 문제이다. 입장에 따라 그 의미가 다르다는 사실을 인식해야 한다. 모든 인간은 독특한 능력을 가지며 그 능력은 그 자체로 독창성이 인정되어야 한다. 획일적 가치 기준으로 철학 없이 관행되고 있는 우리 대학의 입시제도 개혁이 없이는 교육이 인간화의 추구나 본질적 목표 추구보다 수단적인 경쟁의 늪에서 헤어날 수 없을 것이다.

수년전 하버드 대학을 지망한 고교 성적 전 과목 A학점 학생이 재학 중 공부외의 활동이 전무하여 지도자로서 적합지 못하다는 이유로 불합격된 예가 있는가 하면, 성적이 부족하나 재벌의 후계자라는 이유로 합격 판정을 받았다는 예는, 우리의 대학 신입생 선발이 얼마나 비교육적이냐를 반성케 하는 좋은 예이다. 성적이 좀 뒤져도 재벌의 후계자를 입학 허가하는 학교 당국의 변은 이러하다. "하버드 대학에서 아무리 수재를 선발하여 교육을 시켜도 그 재벌의 총수는 만들 수 없다. 그런데 이미 그 학생은 재벌의 총수로 보장이 된 학생이다. 우리 대학에서 훌륭한 경영 기술을 배워 그 기업을 훌륭히 이끌 때 미국 사회에 더욱 기여하게 될 것이 아닌가."

이러한 이유가 받아들여지는 미국의 문화가 우리와 다르다고 하겠지만 교육 본질에 더 가깝다는 것을 쉽게 알 수 있고 그러기에 우리와 같이 입시지옥이 없다는 것도 이해할 수 있다. 이기적 출세주의만 부채질하는 오늘의 교육, 특히 대학 입시에 몸살을 앓고 있는 젊은이의 병을 치유하기 위한 교육 평가의 철학의 재정립이 시급히 이루어지길 기대한다.　(1990. 11. 30)

자기 개혁에 힘써야

———

　벌써 12월, 1994년 마지막 달입니다. 어제 국민교육헌장 선포 26주년 기념일을 맞아 우리 교육자들에게 전국적으로 표창과 포상이 있었습니다. 우리 대학에서도 국무총리 표창, 교육부장관 표창, 총장 표창을 몇 분 선생님들께서 받았습니다. 먼저 수상하신 여러분께 축하를 드리고 앞으로 우리 교육을 바로잡는 일에 더욱 헌신해 주시기를 부탁드립니다.

　그저께 혁신적인 정부 기구 개편안이 발의되어 1, 2주일 내에 법적 조치가 뒤따를 것으로 보입니다. 지금은 우리나라뿐 아니라 온 세계가 대격동기입니다. 거기에 한 가지 공통된 것은 그 동안 정치적·물리적인 힘에 의해 움직여졌던 우리 사회가 이제는 도덕적 힘에 의해 움직여 간다는 것입니다. 흔히 우리가 말하는 「正道」로 가야하는 그러한 시점에 와 있는 것입니다. 우리가 正道를 따르지 못한 것은 의식의 부족에서 기인한 것이므로 요사이는 의식개혁 이야기도 누차에 걸쳐 나오고 있습니다. 그런데 바른 자세, 바른 생활습성은 어디서 길러집니까? 그것은 교육을 통해서, 그리고 교육자의 힘으로 이루어지는 일이라 생각합니다. 여기에 우리 교육의 중차대한 임무가 있는 것입니다.

행정 부처 간의 개혁, 조직 개편이라고 해서 '대학은 지금 아무 일 없다', '내 일이 아니다'라고 생각하는 것은 굉장히 위험한 발상입니다. 자기반성과 개혁이 없으면 결국 낙오자, 낙오 기관이 되고, 특히 지금과 같은 국제 경쟁사회에서 신사고를 하지 않으면 남보다 앞서갈 수 없습니다.

우리 대학 조직만 해도 앞으로 개선해 나가야 할 일이 많습니다. 다행히 우리 대학에는 벌써 3개월 전에 여러 개혁팀이 구성되었습니다. 행정 일반은 사무국이, 학생 활동은 학생처에서, 교무 행정에 대한 것은 교무처가 중심이 되어 개혁을 추진하고 있습니다. 또한 우리 대학은 현재 다른 어느 때 보다 인력으로 구성되어 있습니다. 우리 대학 교수님들은 사명감에 있어서나 학문적인 능력에 있어서나 모두 훌륭한 분들입니다. 사무국은 사무국대로 강한 팀으로 조직이 돼 있고, 학생들도 착한 심성들을 가지고 우리 대학에 들어와서 열심히 공부하고 있습니다. 우리 모두가 단합만 한다면 다른 어느 기관보다도 모범적인 개혁을 우리 스스로 선도해 나갈 수 있습니다. 이번 정부 조직 개편의 취지에 맞게 우리 대학 내에서도 보신이나 사리사욕만을 생각하는 태도를 버리고, 효율적이고 창의적인 개혁을 추진해서 최고 수준의 대학으로 발전할 수 있도록 노력해야 하겠습니다.

끝으로 한 말씀 더 드리고 싶은 것은, 우리 학교가 이번 주에 수업이 다 끝나고 방학에 들어가게 됩니다. 며칠 남지 않은 학기말 일정이 잘 마무리될 수 있도록 업무에 철저를 기해 주시고, 다음 주부터 계속되는 유치원 원장연수, 대학원 입시, 계절제 수업 등이 한 치의 오차도 없이 진행되도록 노력해 주시기 바랍니다. 또 날씨가 급격히 추워지는 환절기라 건강을 해치기 쉽습니다. 각별히 유의하셔서 건강하고 명랑한 직장 생활이 되시길 바랍니다. (1994. 12.)

유비무환의 정신으로

———

안녕하십니까?

6월 1일이 일요일이었던 관계로 7일인 오늘에야 비로소 월례조회를
갖게 되었습니다. 6월은 '보훈의 달'이고, 또 6·25를 기억하게 하는
달입니다. 올해로 6·25가 43주년을 맞는데 여러분들은 잘 모르겠지만
그것을 직접 겪은 사람들에게는 지워질 수 없는 상처로 남아 있습니다.

지금 우리나라는 戰後의 폐허를 딛고 일어나 고도의 산업 발전을
이루었고 세계 최고의 교육 수준을 자랑하게 되었지만, 아직도 '민족
분단'이라는 슬픈 현실을 해결하지 못하고 있습니다.

거기에다 최근 주변에서 벌어지고 있는 상황들이 우리를 경악하게
합니다. 북한의 핵문제가 그 하나로, 한반도가 또 다시 전쟁의 와중에
휩쓸릴 것인가? 그렇게 될 경우 우리는 어떻게 할 것인가? 그 결과는

무엇인가? 하는 등의 문제를 생각하지 않을 수 없게 만들고 있습니다.

설마하는 안일한 생각과 느긋한 마음으로 아무런 대책 없이 있다가 만약 전쟁이라도 일어난다면 그 결과는 상상할 수조차 없을 것입니다. 지금이라도 온 국민의 지혜를 동원하여 만약의 사태에 대비하도록 하여야겠는데 그러려면 우리 국민 모두가 바르고 꿋꿋한 정신 자세를 가져야 하겠습니다. 또한 우리는 지금 경제적으로 심각한 위기에 처해 있는데 우루과이 라운드, 곧 무역 자율화가 그것입니다. 이는 모든 나라들이 발 벗고 무한 경쟁 속에 뛰어드는 것으로, 국민의 정신 상태가 제대로 된 나라는 살아남고 그렇지 못한 나라는 도태 당하게 될 것입니다. 이런 급박한 상황에서 우리의 현실을 돌아보면 안타까움을 금할 수 없습니다.

날로 늘어가는 환경 문제, 외국산 담배 소비의 급격한 증가, 국내외적 패륜 행위의 난무, 교통사고 세계 1위, 거기에다 국내 정치 또한 당리당략만을 일삼고 있습니다. 지금은 진정한 자율화, 즉 문민 시대를 열어가기 위해 국민정신을 새롭게 해야 할 때 입니다. 문민 시대는 남의 감시 하에 이루어지는 것이 아니라 각자가 정신 차리고 자기의 책임을 다할 때에야 가능한 것입니다.

한국 교육을 선도해 나갈 우리 대학이 그 기능을 최대한 발휘할 수 있도록 여러분 모두가 힘써 주시기 바랍니다. 본교는 여러분들의 노력으로 많은 것들을 이루었으나 아직도 여러 사업들이 미완성 단계에 있으므로 점차 시설 면이나 내부 조직 면에서도 그 체제를 완비해 나갈 수 있도록 더욱 힘써야 할 것입니다.

10월에는 10주년 행사를 치를 예정인데 우리 대학을 대내외에 보여주는 계기로 삼아야 할 것입니다. 이에 학사 일정이나 연수원 계획 등 다방면에 걸쳐 차질이 생기지 않도록 책임 있는 사무가 이루어지길 바라며, 하나 더 당부하고자 하는 것은 여러 분야에서 진행되는 사업들에 대하여 책임 한계를 따지지 말고, 각자 맡은 분야 및 부서에서 자기 책임을 다하는 한편 관련 부서와도 협력하는 공동체 의식을 발휘해 달라는 것입니다.

저는 내일 모레, 우리 학교와 결연이 되어 있는 120년의 역사를 자랑하는 모스크바사범대학에 가서 그 곳 대학의 면모를 배워오고자 합니다. 예전과 마찬가지로 이번 달도 모든 업무가 차질 없이 진행되기를 바라고, 끝으로 여러분의 건강을 빕니다. (1994. 6.)

교육 개혁의 성공을 위하여

─────

인간은 무한한 가능성을 가지고 태어난다. 이 가능성은 교육을 통하여 실현 발휘된다. 따라서 교육의 가능성은 무한한 것이다. 교육 여하에 따라 한 개인의 인성 형성과 사회의 발전이 좌우되기 때문에 교육 정책만큼 중요하고 또 신중을 요하는 정책이 없다.

돌이켜 보면 우리나라도 역대 정권이 교육 정책의 중요성을 강조하고 나름대로의 교육 개혁에 적지 않은 노력을 기울여 왔다. 어떻게 보면 현재의 우리 교육 현실은 그 동안 수 없이 바뀌고 개편해서 나름대로 개선해 놓은 결과라고도 볼 수 있다. 그럼에도 불구하고 우리나라 교육 제도에 문제가 산적해 있음을 볼 때 교육 정책이 얼마나 어려운 것인가를 느끼게 한다. 교육정책이 종합적 · 장기적 문제는 해결되었으나 새로운 문제가 재생되는 악순환을 계속해 온 것도 우리나라에 국한된 문제만은 아니다. 교육 정책이야말로 세계가 공통적으로 고민하고 있는 당면 과제인 것이다.

80년대 초 실시한 과외 해소 대책이나 대학의 졸업정원제 등은 당시 상황에서는 타당한 조치로 환영을 받았으나, 장기적 대책이 되지 못하고 의도한 성과를 거두지 못한 채 새로운 문제만 남기고 무모한 정책으로 비난받고 있다. 그것은 교육에 영향을 미치는 많은 사회·문화적 요인을 그대로 둔 채 교육 정책만을 가지고 처방하려는 데서 그 실패의 원인을 찾아야 할 것이다.

그리고 교육의 속성상 단시일에 그 효과가 나타나지 않기 때문에 단기적 효과를 기대하고 요구하는 현실에 밀려 지속적 지원이 소홀히 된 데 그 원인이 있기도 하다. 우리 교육은 아직도 여러 교육자들이 지적하는 바와 같이 입시 위주 교육을 탈피하지 못하고 있고, 개성이 무시된 획일적 경직성 속에 운영되고 있다.

교육의 주체인 교원들은 사기가 저하된 채 교육 환경의 열악성에서 신음하고 있으며, 국민들의 높은 교육열에도 불구하고 그릇된 교육관으로 교육의 발전을 저해하고 있다. 그러면 이러한 문제들의 근본적 원인은 무엇이며 어떻게 그 해결의 실마리를 잡을 것인가. 즉 교육 개혁의 관건은 무엇인가를 다시 생각하게 한다.

우리나라의 학교 교육은 사람을 만드는 기능을 상실한 지 오래다. 많은 천재적 가능성을 가지고 태어난 어린이들이 우리 교육의 비생산적인 경쟁과 비교육적인 획일적 교육 구조 속에서 빛을 보지 못하고 사라져야 했고, 이들에게 더불어 사는 지혜도 제공하지 못하고 있다.

세기적인 천체물리학자인 스티븐 호킹스 박사가 우리나라에 태어났다면 어떻게 되었을까를 생각해 보아야 한다. 발명왕 에디슨이나 상대성 이론을 발견한 아인슈타인이 학창 시절 낙제생이었다는 사실도 우리는 참고해야 한다. 무한한 가능성을 가지고 태어난 모든 인간은 얼굴 모습, 손가락의 지문이 다르듯이 독특한 개성을 지니고 있다고 한다. 그러나 우리 교육의 획일화는 저마다 개인의 독창성을 계발하는 데 큰 장애가 되고 있다. 올바른 교육은 타고난 개개인의 가능성이 최대로 성장할 수 있도록 도와주어야 하고, 모두가 즐겁고 행복하게 다른 사람과 더불어 살아갈 수 있는 지혜를 주어야 한다.

앞으로 교육 개혁은 이 세상에 한 사람도 버릴 사람이 없다는 철학으로 모든 국민이 필요로 하는, 또 그들에게 알맞은 다양한 교육을 제공할 수 있는 교육 체제를 지향해 나가야 한다.

따라서 교육 개혁의 기본 방향은 획일적이고 경직화된 학교 체제를 어떻게 개성에 맞게 처방하여 21세기 요구에 걸맞은 인간을 만드느냐에 두어야 한다. 특히 학교 교실 현장의 구조 변화 없이 학생만 고루 배정한 중학교 무시험제, 고등학교 평준화 이후 개성이 무시된 오늘의 획일화되고 경직화된 교육체제를 개혁하여 능력과 품성을 최대한 계발할 수 있도록 교육 본직에 충실한 인간 교육으로 우리의 교육 환경을 재구성하여야 한다.

국제 경쟁력의 척도는 암기 위주의 말초적이고 단편적인 지식이나 기술보다 문제 해결력, 창의력, 책임성, 협동심 등 도덕적 규범이 갖추어져야 국제 경쟁 사회에서 적응할 수 있는 선진 국민이 되는 것이다.

교육 개혁은 구호나 주장으로 되는 것이 아니다. 우리는 사회 문제가 있으면 그 원인을 교육으로 돌린다. 그리하여 「○○교육 강화 지침이 내려진다. 그러나 그것을 누가 가르치며 또 가르치는 사람은 누가 길러내며, 그렇게 되기까지 얼마나 많은 투자와 시간이 필요한가에 대한 깊은 사려가 결여된 채 개혁 정책이 정치적 겉치레에 머문 과거를 自省하여야 한다. 온 국민의 부푼 기대와 희망 속에 사회 각 분야의 개혁을 추진하고 있는 정부는 지난 일 년 반 동안 연구 검토 끝에 지난 5월 신교육 체제 수립을 위한 교육 개혁안을 발표하였다. 그 동안 정치적 변혁기마다 개혁을 경험한 바와 같이 병인에 대한 정확한 종합적 진단과 처방 없이 다만 대응 요법에 의한 미봉적 조치로 소기의 성과를 거두지 못하고 일과성에 그치지 않도록 유의해야 할 것이다. 溫古知新의 교훈을 되새겨 본질적인 교육 개혁이 이루어지도록 교육계뿐만 아니라 온 국민의 지혜를 모아 교육 개혁의 具體案이 마련되어야 할 것이다. 그리고 그 개혁안이 실천에 옮겨져 한국 교육이 일등국민을 양성하여 21세기 세계 속에서 한국이 일등 국가로 발전할 수 있도록 거국적 노력을 기울여야 할 것이다. 教育改革委員會뿐만 아니라 여러 대통령 자문 기구들이 교육 개혁에 관심을 갖는 것은 고무적인 일이나, 巨視的 方案 提示와 더불어 微視的 實踐 計劃이 뒤따르고 이를 실현키 위한 조건이 마련되어야 교육 개혁은 성공할 수 있는 것이다. 그리고 이를 실천하는 주체는 바로 학교 현장의 教員이라는 사실을 명심하여야 할 것이다. (1995. 9.)

교육 연구의 토착화

————

　한국의 교육은 다른 여러 분야와 마찬가지로 괄목할 만한 발전을 하여 왔다. 교육학자들이 한국 교육의 제일 큰 문제로 흔히 지적하던 과밀 학급의 문제도 대도시 국민학교 학급당 인원이 오십 명 대로 되어 오히려 수년전의 사립학교 수준보다도 낮아지게 되었다. 또 시골에 가면 백 명 미만의 재학생이 있는 국민학교가 있는가 하면, 십 명 미만의 소규모 도서 벽지 학교도 있다. 이는 몇 해 전만 해도 상상도 할 수 없는 것이었다.

　한편 도시의 거리를 지나다 보면 관인 ○○유치원, ○○ 체육관, ○○ 학원 등 취학 전 어린이나 재학생의 과외 교육을 위한 통학차들이 흔히 눈에 띈다. 차안 가득히 자리 잡은 명랑한 표정의 어린이들을 볼 때면 우리나라의 밝고 희망찬 미래를 보는 것 같아 흐뭇한 마음이 든다.

정말이지 우리 국민은 세계에 유례없는 교육열과 교육에 대한 신념을 가지고 있다. 이러한 저력이 고등학교 졸업생의 반 이상이 전문대학 이상의 교육을 받게 하는 것이라고 할 수 있다. 그러나 우리 교육은 바람직한 어린이의 성장이 무엇인지, 학교에서 길러지는 인간성이 어떤 것인지에 대한 관심보다는 일류 학교, 인기 학과에 진학하는 것만이 인생의 전부인 양 모든 학생이 여기에 정력을 쏟고 있어 악순환의 연속이 되고 있다. 이렇게 교육 기회가 확대되었는데도 불구하고 모든 고등학생이 시험 준비의 노예가 되어 공부에 흥미나 보람을 잃고 개성이나 정서가 메마른 채 아름다워야 할 시절에 고통의 나날을 보내고 있는 것을 보면 안타깝기 그지없다.

지난 20년간 이를 해결하려고 '중학교 무시험제', '고등학교 평준화', 세계교육사에 기록될 만한 前代未聞의 '과외 금지 조치' 등 극약 요법을 써 왔으나 교육 현장의 상황은 호전되었다기보다 악화일로에 있다는 것이 일반적인 평이다. 이렇게 한국 교육이 안고 있는 심각한 문제에 대해 그 동안의 많은 처방이 실효를 못 거두고 있고, 또 효율적인 해결 방안을 찾지 못하고 있는 데에는 크게 두 가지의 이유가 있다.

첫째로, 그 동안의 처방이 본질적 문제의 처방이 아니고 피상적인 방법으로 교육 문제를 해결하고자 했기 때문에 일시적 효과는 있었을지라도 얼마 못가 회귀 현상을 빚게 되었던 것이다.

둘째로, 우리나라의 교육 연구가 서구 문화에서 도출된 연구 결과를 분석이 미흡한 상태에서 그대로 적용했다는 데에서 그 원인을 찾을 수 있다. 서구 문화의 현상을 우리 것과 비교해 보면 많은 차이가 있음을 알 수 있을 것이다. 사람을 가까이 오도록 손짓할 때 우리는 손을 위 아래로 흔드는데 서양에서는 이를 잘 가라는 신호로 받아들이고 있다. 같은 현상이지만 그 해석은 우리와 정반대인 것이다. 또 서양에서는 'Ladies and gentlemen' 이라고 하여 '숙녀 신사 여러분' 이라고 하지만 우리말에서는 "신사 숙녀 여러분"이라고 하고 있다. 이러한 예만 보더라도 서양 문화와 우리 문화에는 분명한 차이가 있음을 알 수 있는 것이다.

그런데도 이러한 차이를 무시하고 서구 이론을 맹목적으로 수용함으로써 오늘의 교육 문제를 야기하게 된 것이다. 그러므로 한국 교육의 발전을 위해서는 교육 연구가 본질적으로 교육 문제를 해결하도록 해야 하고, 우리의 전통 문화를 교육 현장에 깊이 뿌리내리도록 해야 할 것이다.   (1988. 6. 30)

교육 개혁은 의식의 개혁

———

　지난여름 사상 유래가 없는 폭염 속에서도 우리 연수생·계절제 대학원생들의 학사 업무를 무사히 추진해준 데 대해서 감사를 드립니다.

　어제는 '청풍포럼'이라는 청주 지역의 여론 수렴 기관에서 "선진화와 교육개혁" 이라는 주제로 토론을 했습니다. 정범모 박사님이 주제 발표를 하고, 나와 MBC의 상무로 있는 분이 토론을 하고, 청주대학의 교수가 사회를 보았습니다. 거기에서 민주주의가 되려면 토론이 제대로 되어야 한다는 의견이 있었습니다. 토론이라는 것은 서로 좋은 의견을 제시하고, 반박하고, 수용함으로써 최선의 의견을 추구해가는 조화의 과정입니다. 대개 학술회의는 참가자의 발표 내용에 대해서 비판을 한다던가, 평을 하거나 자기의 의견을 제시하는 것이 관례인데, 만일에 평을 좋지 않게 했다가는 서로의 감정이 나빠집니다. 그리고 좋은 평은

뒤에서 수군수군 얘기합니다. 우리의 토론 문화가 이래서는 안되겠습니다. 여러 사람의 지혜를 모으는 데에 그 목적을 두어야 합니다. 남의 의견을 충분히 수용할 수 있는 문화가 형성되어야 발전이 가능하게 되는 것입니다. 힘센 사람이 이야기한다고 해서 속으로는 찬성하지 않으면서도 따라가는 것은 주인 의식이 결핍된, 다원화 사회에 역행하는 태도인 것입니다. 이러한 자세로는 21세기에 대처하기 어렵습니다.

서로 다른 의견이 많이 수용되고, 발표하는 사람도 자기보다 나은 의견이 나왔을 때 그것을 인정할 수 있어야 합니다. 미국이나 구라파에서는 교수가 가르친 대로 답안이 작성되면 학점이 잘 안 나온다고 합니다. 교수가 가르친 것을 바탕으로, 다른 사람의 의견을 많이 참고하고 자기의 의견까지 제시할 수 있어야 좋은 학점을 받을 수 있다고 합니다.

오늘날 우리 교육은 완전히 빗나가고 있습니다. 학교는 외면당하고 모두가 과외로, 학원으로 몰리고 있습니다. 학교를 살리는 것은 우리 교육 개혁의 당면 과제입니다. 그리고 우리 나라에서는 교육 결정을 대부분 정치가들이 내리고 있는데 이제부터는 교육자들에 의하여 결정되어져야 합니다. 즉 교육자가 본연의 자세로 교육에 임하고, 실력 있는 교원이 양성될 수 있는 문화 풍토가 조성되어야 하는 것입니다. 그러기 위해서는 교원대학을 활성화시키는 것이 최선의 방법이라고 생각합니다.

어제는 또한 교육개혁위원회가 7개월간 작업한 것을 보고했는데, 크게 새로운 것보다도 전체적인 방향은 본연의 자세로, 특히 사학은 그 이념에 따라 자율적으로 운영할 수 있게 만들고, 학교 내부가 개혁이 되는 방향으로 자리 잡아야 된다는 내용이었습니다. 지금 사회 각계가 경제 개혁, 정치 개혁, 교육 개혁 등 온통 개혁의 소용돌이 속에 깊숙이 들어가 있습니다만 지금까지의 개혁과 같이 구호에만 그쳐서는 안 되고 내부로부터의 의식 개혁으로 교육을 개혁해야 한다고 생각합니다. 이것이 바로 문민 시대에 우리 앞에 놓여 있는 과제인 것입니다.

사학 바로 세우기

———

   요사이 민주당이 법안한 사립학교법 개정안에 대한 논란이 일고 있다. 사학이 국민교육에 있어 큰 몫을 차지하고 있기 때문이다. 중등교육의 거의 반이 사학이고 고등교육의 80%를 사학이 차지하고 있기 때문에 사학을 바로 서게 하는 문제는 국가교육정책의 중요한 과제가 아닐 수 없다.

   중학교와 고등학교는 평준화 정책에 따라 설립주체만 다를 뿐 학생선발, 교원인사, 교육과정 등 학교운영에 있어 사립과 공립이 거의 동일하다고 볼 수 있다. 사학 독립성의 폐지는 1969년 실시된 중학교 무시험입학제를 시초로 시작되었으며, 1974년부터 고등학교 평준화 정책이 도입되면서 중등교육에 있어서 공사립의 구별은 거의 없어진 셈이다.

   한편, 국민의 높은 교육열에 힘입어 대학교육의 80%를 점하고 있는 사립대학들은 비교적 운영의 독자성을 어느 정도 유지하고 있다. 정부의 재정지원은 미미한 반면, 교육의 공공성과 정치적 비중 때문에 오랫동안 국가의 통제와 지도에서 자유로울 수는 없었다. 특히 사학의 고유 권한이라 할 수 있는 독자적 학생선발권을 행사하지 못하고 국가에서 시행하는 시험의 점수에 의한 획일적 기준으로 학생을 뽑아야 하고, 대학운영에서도 운영의 자율성을 상당 부분 통제 받으며 오늘에 이르렀다.

사학이 자율성을 확보하기 위해서는 그동안 일부 사학에서 야기되어 사회적 불신을 받아온 비리 현상의 척결이나 예방책이 강구되어야 한다는 것은 당연하다. 이러한 요구에 부응하기 위하여 민주당이 추진하고 있는 사립학교법 개정안은 시의적절하다고 할 수 있으나, 법 개정의 내용에 대하여 교육계의 찬반이 엇갈리고 있다. 사학운영의 민주성과 투명성 및 공공성을 강화함으로써 사회적으로 물의를 야기하고 있는 사학비리의 원인을 제거하고 법인 임원 취임승인 취소요건을 확대함으로써 비리, 분규의 당사자에 대한 책임을 강화하며 비리 당사자가 학교 및 법인 운영에 다시 참여하는 경우 제한규정을 강화하는 등 사학비리, 분규의 사전예방과 사후조치에 만전을 기할 수 있도록 한다는 것이 법 개정의 취지이다. 개정안의 주요 골자를 보면 감사 중 1인을 초중등학교의 경우 학교의 운영위원회가, 대학의 경우 교수회가 추천케 하고, 현재 이사회가 의결하고 있는 학교의 직원과 교원의 임면권을 학교장에게 부여하며, 학사업무에 대하여 이사회의 관여를 배제함으로써 학교현장의 자율성을 강화하겠다는 것이다.

아이러니컬하게도 이번 개정안은 상당 부분이 1980년 국보위에 의해 제정되어 1989년 현재의 제도로 개정될 때와 같아 흥미롭다. 사학법인의 학사행정에 대한 지나친 간섭을 제하고자 1980년 군사정권 초기 국보위가 교원의 인사권과 대학의 재정권을 학교장에게 위임하여 재단의 권한을 대폭 축소하였다. 그러나 그 결과 많은 대학들이 교원 및 직원의 복지에 치중, 학교발전이 지연된다는 이유를 들어 인사권과 재정권을 도로 법인이 행사할 것을 강하게 주장한 법인 측의 로비가 성공하여 여소야대의 6공 국회에서 현재의 제도로 개정되어 오늘에 이른 것이다. 따라서 이번 개정안이 사학의 비리를 예방하고 사학의 발전을 기할 수 있을 것인지는 의문이며 더욱이 권위주의 시대 국보위가 개정한 안으로 회귀하는 듯 하여 아이러니컬하다는 생각을 금할 수 없다.

사학의 비리뿐만 아니라 사회의 모든 비리는 척결되어야 한다. 그러나 우리 교육의 발전을 위해서는 일부 사회의 비리척결 보다 사학의 자율성 확보가 더 급한 선결과제가 아닌가 싶다.

사학법 개정 私大 위축 초래

─────

　지난 17일 서울 전경련 국제회의장에서는 한국사립대학총장협의회 (회장 신극범 대전대 총장)와 한국대학교육협회, 한국사학법인연합회가 공동 주최하는 국제학술심포지엄이 열렸다.

　글로벌 시대의 대학교육 사학의 역할 재정립이라는 주제로 열린 이날 심포지엄에서는 신 총장과 건양대 김희수, 한남대 이상윤 총장 등 대전·충남을 비롯한 전국 사립대 총장들이 대거 참석해 정부가 추진하고 있는 사립학교법 개정에 대해 반대의 목소리를 높였다.

　특히 이날 심포지엄에서는 위기를 맞고 있는 사립대의 현실과 발전 방안에 대한 다양한 의견이 제시돼 관심을 끌었다.

박영식(한국대학교육협의회장) = 대학에는 이미 총장을 제한하는 많은 장치들이 있다. 인사회, 교수협의회, 노조, 학생회, 교수회의, 교무위원회 등이 바로 그것이다. 이밖에 다른 제한장치를 추가하는 것은 결과적으로 대학의 위축, 무기력을 초래할 뿐이다.

신극범(대전대 총장 한국사립대총장협의회장) 사학은 자유로워야 한다. 학생선발 단계부터 대학에 자율성이 주어져야 한다. 전문대학의 90%, 일반대학의 80%를 사학이 담당하고 있다. 하지만 예산을 전적으로 등록금에만 의존하고 있다. '고등교육재정지원법'을 서둘러야 하고 대학교육지원 예산을 OECD 평균 수준인 GDP 대비 1% 수준으로 확대해야 한다.

이상천(영남대 총장) = 사립대의 재정 확보는 국가가 사립대학 운영에 부족한 재정을 보조하는 정책을 추진하든지, 아니면 사립대학들이 재정적으로 자립할 수 있도록 재원 확보에 관련된 각종규제를 철폐하거나 완화해 주어야한다.

이상주(성신여대 총장) = 모든 사학운영자들은 학교운영에 있어 현재 진행 중인 사립학교법 개정의 빌미를 제공한 탈법 및 불법행위를 일체 저지르지 않아야 한다. 또 학교를 좀 더 민주적이고 투명하게 운영해야 하며 사학의 최고 의사 결정기구인 이사회를 더욱 공개적으로 운영하는 것이 바람직하다.

사학 운영자들이 공명정대하게 대학을 운영한다면 사립학교법 개정의 명분은 자연히 소멸될 것이다.

철학 부재가 한국교육 망쳐

―――

"교육만이 희망입니다."

원로 교육학자이며 행정가인 신극범 대전대 총장이 틈틈이 써 온 교육에 대한 글 87편을 모아 최근 에세이집 '교육만이 희망이다' 를 냈다.

20일 대전대 총장실에서 만난 신총장은 자신의 에세이집 제목을 다시 한번 반복하며 그 내용을 소개했다. 한국교육이 그만큼 희망이 보이지 않는다는 이야기로 들린다.

"교육은 국민의 기본 권리이면서 더 잘되고자 하는 욕망입니다. 그런데 한국교육은 획일적 통제로 인해 맞춤형이 됐습니다. 인간 개성의 최대 계발이라는 교육 당초의 기능은 완전히 사라졌습니다. 기계적으로 틀에 짜인 교육으로 창의성이 완전히 매몰됐습니다. 그래서 교육이 재미없어지고 말았습니다."

'사람이 으뜸이다', '미래를 보자', '교육이 세상을 움직인다', '새 시대의 가치를 찾아서' 등 4부로 구성된 책의 차례만 봐도 한평생을 교육에 바친 그의 고뇌가 드러난다. '상생을 생각하는 교육', '기본을 가르치자' '원점에서 짚어보자', '교육에 우열은 없다'등 교육의 본질에서부터 '우리 몸에 맞는 교육을 찾자', '전자공동체가 세상을 바꾼다', '교육재정은 생명력이다' 등 미래를 위한 교육비전의 제시가 날카롭다. '양반대학, 상대학', '지방대학이 무너진다', '정책이 바로서야 교육이 산다' 등 3부에선 한국 교육현실에 대한 비판이 신랄하다. 하지만 '나라의 근본을 생각하자' 천천히, 그러나 야무지게 '평화가 우선이다' 등 마지막 4부에서는 현장을 바라보는 원로의 따스함이 넘친다.

"이 책이 저 스스로를 욕되게 할 수 있다는 생각도 듭니다. 저는 교육비평가가 아니라 교육현장에서 살아온 교육자이자, 교육학자이자, 교육행정가이기 때문이지요. 그러나 이 책의 글들은 교육현실의 안타까움을 담기도 했지만 저 스스로에 대한 반성과 한국 교육의 실체에 대한 애증도 한몫 끼어 있다고 고백합니다."

신총장은 '교육의 대반성'을 촉구하며 교육철학의 부재에서 한국교육의 문제점을 찾았다. "남들보다 앞서가야 한다는 서열의식, 1등만이 살아남는다는 경쟁의식이 한국교육을 망쳤어요. 교육은 인간을 만드는 것이지 기계를 만드는 것이 아닙니다. 물건을 만드는 기준으로 인간을 만들어서는 안 됩니다. 인간은 각자 모두를 최고의 품질로 만들어야 합니다. 모두가 1등이 될 수는 없습니다. 그래서 이번 광주에서와 같은 대규모 수능시험 부정사태가 생긴 것으로 생각됩니다."

충남 논산에서 태어나 연세대 영문과, 서울대 교육대학원, 미시간주립대를 졸업하고 온 신총장은 1957년 고교교사로 시작해 한국교육개발원 연구원, 한양대 교수, 교원대·광주대 총장을 거쳐 지금까지 교육현장에 있다.

신총장은 최근 사립학교법 개정과 관련, "대학이 아니라 중·고교 운영에 결정적으로 문제가 생긴다"면서 "진리의 세계에서 민주주의가 통하는 것은 아니다"라고 반대를 분명히 했다.

"교육의 본연을 찾아야 합니다. 이를 위해 정책이 바로서야 하는데 자꾸 역으로만 가고 있으니 큰일입니다." (2004. 11. 22 문화일보)

글로벌 시대 대학교육의 보편화

———

글로벌 시대 대학교육의 보편화는 미국은 물론 엘리트 교육체제하의 유럽 여러 나라도 공통된 현상으로 나타나고 있다. 최근 들어 우리 나라도 경제성장과 더불어 소자녀화와 교육열이 겹쳐 고등교육인구의 포화상태가 됐다.

따라서 이제 세계의 대학들은 새로운 생존을 위한 전략에 힘을 쏟지 않으면 안 된다.

얼마 전 대전대학교와 자매결연을 맺고 학생 및 교수 교류를 하고 있는 일본의 대학들을 방문한 적이 있다.

일본의 대학들이 겪는 문제는 경제침체에 따른 재정 확보의 어려움과 고등학교 학생의 감소에 따른 학생 모집의 어려움 등 우리 나라 대학들이 당면한 문제와 크게 다른 것이 없었다.

특히 대학에 대한 정부의 재정지원의 반감(半減)으로 외국 학생에 대한 장학금이 크게 삭감돼 유학생들의 어려움이 적잖을 것으로 예상된다.

일본 정부는 국립대학을 통폐합해 민영화를 추진하고 현재 99개의 국립대학 중 30개 대학을 선정해 집중 지원함으로써 경쟁력 있는 대학으로 육성한다고 한다.

대전대학과 1994년부터 학생교류 사업을 추진하고 있는 오사카공대와 세츠난대학 이사장, 히로시마국제대학의 후지다 이사장에 의하면 2010년까지 현재 일본의 700개 대학 중 약 200개 대학이 도산하거나 문을 닫게 될 것이라고 전망된다는 것이다.

그리고 그 가장 큰 이유는 지난 10년 동안 고등학교 졸업생수가 210만명에서 150만명으로 감소해 학생 모집이 어렵게 됐고, 대학 신입생 모집인원과 고등학교 졸업생수가 2년 내에 같아진다는 것이다. 이러한 어려움을 타개하고자 각 대학들은 경쟁력을 높이기 위해 많은 개혁을 추진하고 있다.

같은 재단에서 운영하고 있는 3개의 대학들을 각각 독립 채산제로 전환해 경쟁체제를 도입하고, 이를 각 대학이 독자적·존립을 이룰 수 있는 운영체제를 더욱 굳건히 하고 있다. 이 같은, 일본 대학들의 변화가 그동안 우리 나라 유학생들에게 부여하던 많은 특전들과도 연관돼 이를 없애든가 줄이려하고 있어 앞으로 이에 대한 대책이 요구되고 있다.

이렇게 될 때 일본 유학을 지망하는 학생 수가 감소할 것이고, 지금까지 일본 파견 일변도의 한일 학생교류도 감소할 것으로 보인다. 앞으로 일본학생들을 유치할 수 있는 시설과 교육프로그램을 심도 있게 개발해 1대 1의 실질적 교류를 통해 이 문제를 해결해야 할 것으로 생각된다.

또, 일본대학들의 변화로 특이한 것은 새로운 학문분야의 개척이다. 4년 전에 개교한 히로시마국제대학은 21세기에 대비해 환경학부, 의료복지학부, 보건의료학부 등 3개 학부로 구성돼 있는데, 언어커뮤니케이션학, 감성정보학, 의료경영학, 임상공학 등 종래의 대학전공학과와 차별화된 전공을 개설, 세계화 시대의 인재수요에 부응한 프로그램을 개발·운영하고 있음을 자부하고 있었다.

또 일본 사립대학들의 등록금 정책은 완전히 시장원리에 기초를 두고 있다. 같은 대학에서도 문과와 이과, 공과의 등록금 차이가 두 배 이상이다.

우리 나라에서는 형평성이나 위화감을 앞세워 이 같은 차등화가 용납되기 어려울 것으로 보인다.

그러나 일본의 사학(私學)들이 자유경쟁체제 하에서 철저한 시장원리에 입각해 운영되고 있음을 보고, 우리 나라 사학들도 눈여겨 볼 필요가 있으며, 나아가 앞으로의 발전전략을 구상함에 있어 시사하는 바가 적지 않다는 것을 느끼게 한다.

교육계 시장논리에 대하여

　오늘날 지방 대학의 생존 문제는 위기 의식의 단계를 벗어나 이미 심각한 양상으로 치닫고 있다. 어찌 보면 이런 현상은 미래를 예견하지 못하고 준비마저 부족했던 대학의 책임이라 할 수 있을 것이다. 실제로 이러한 자성론 내지는 책임론이 상당한 당위성과 설득력을 얻고 대학 스스로의 변화와 개혁을 찾기 위해 다양한 생존 전략을 꾀하고 있는 것도 사실이다.

　하지만 이러한 자구 노력의 근원과 출발점이 교육환경의 질적 향상이 아니라, 생존에 따른 경쟁 논리로부터 비롯된다는 현실을 직시할 때, 이 문제가 과연 대학 스스로의 힘만으로 해결할 수 있는 과제인가를 되짚어보지 않을 수 없다. 교육은 인격과 능력 그리고 자질과 개성을 계발해 국가와 사회가 필요로 하는 인재를 양성함에 목적과 가치를 두고 있는 것이지 상대적 서열을 가리고 최후의 승자를 가림에 의미를 두고 있는 것이 아니다. 따라서 이러한 교육을 담당하고 있는 대학 또한 생존과 경쟁의 논리로 좌우될 수 없는 것이다.

그러나 지금의 현실은 이런 문제를 지적하는 것조차 시대착오적인 발상으로 치부되고 있는 듯하다. 다시 말해 교육에도 경제와 힘의 논리가 강한 위력을 발휘하고 있는 것이다.

그렇다면 과연 지방 대학의 생존과 위기 문제를 풀 수 있는 해법이 경쟁과 힘의 논리에 있는 것인가? 이 점에 있어서는 분명 누구나 선뜻 그렇다라고 답할 수 없을 것이다.

가장 큰 이유는 오늘날 대학의 생존 경쟁이 공정하지 못하다는 것이다. 이른바 경쟁이라는 것은 그 시작에 있어 적어도 여건과 조건이 보편적 상식적 판단에서 어느 정도 유사성을 가져야 하기 때문이다. 그러나 대학의 '부익부 빈익빈' 구조가 이미 생존과 경쟁의 논리를 적용하기 이전부터 고착화되어 있었다는 자명한 현실을 부정할 수 없기 때문이다. 이런 상황 속에서 경쟁과 힘의 논리를 적용한다면, 이는 교육의 고유한 목적과 가치를 논외로 한다고 하더라도 분명 불공정하고 차별적인 현상임을 누구나 부인할 수 없을 것이다.

물론 생존은 대학에 있어 절대적 당면 과제이기 때문에 반드시 스스로의 자구 노력을 찾지 않을 수 없고 또 찾아야만 한다. 그러나 이 문제가 언제까지고 대학만이 알아서 해결해야 할 문제라고 한다면, 분명 우리의 교육은 기형적 아부작용을 낳을 것이고, 이 부작용이 결국은 교육의 수혜자인 학생은 물론, 국가와 사회의 미래에 또 다른 기현상을 가져다 줄 것이다. 교육의 성패가 국가와 민족의 미래를 좌우한다. 미래는 사람에 의해 결정되며 사람의 능력은 교육에 의해서 길러지기 때문이다. 그러나 교육은 일류와 최고만을 인정하는 서바이벌게임이 되어서는 안 된다. 때문에 교육에 있어 시장논리가 더 이상 생존 경쟁으로 직결되는 오류를 방치해서는 안 될 것이다.

교육계의 권위주의 문화의 민주화 과정

———

　오랜 권위주의 문화에서 민주화과정을 거치면서 대학의 총장직도 교수들의 투표에 의한 선출이 모든 국립대학에 보편화되고 일부 사립대학도 시행하고 있다.

　다수결로 결정되는 선거를 민주주의의 꽃이라고 하지만 다수결 원칙이 사회 모든 분야에 반드시 합리적이며, 최선의 방법인가를 생각해 보면 의심의 여지가 있다. 지성을 대표하는 대학사회이지만 유권자인 교수들의 투표에 의한 총장직선제도는 정치판의 선거 행태와 유사한 현상을 흔히 볼 수 있다.

　직선제를 택하고 있는 대부분의 대학들은 과반수 지지자를 당선자로 하고 있다. 즉 1차에 3인, 2차에 2인 그리고 결선투표를 하여 과반수 지지자가 당선되도록 하고 있다. 출마후보자가 많기 때문에 1차 투표에서 과반수를 차지하는 예는 드물다. 한 국립대학총장선거에서 이런 일이 있었다. 5명의 후보자중 1차에 3인을 선출하고 2차 투표에서 두 사람을 뽑게 되었는데 공교롭게도 1위한사람과 두 사람의 동점자가 2위가 되었다. 이어서 결선투표를 하였는데 1차 투표에서 3위를 한 후보가 다수표를 얻어 당선되었다. 1차 투표에서 1위와 2위를 한사람이 탈락한 것이다.

그리하여 탈락한 1위와 2위 후보지지자들이 이의를 제기하여 교수들의 서명을 받고 다시 투표할 것을 결의한 후 과반수 교수가 모여 재투표하였다. 물론 1차 투표에서 3위를 하였으나 결선투표에서 다수 지지를 받은 후보와 그 지지자들은 재선거를 거부하였다.

그리하여 총장 당선자가 두 사람이 된 셈이다. 당시 교육부는 이 두 후보를 추천 받고 법제처에 질의한바 처음 당선된 3위를 한 후보가 옳다는 유권해석을 받고 그 후보를 총장으로 발령하였다. 힘들게 임기를 마쳤으나 외면한 다수 교수를 때문에 임기 내내 편치 못하였다.

서울에 있는 한 대학에서 예선과 본선을 거쳐 총장을 선출하도록 되어있었다. 예선에 1백20표가 넘는 차이로 다수를 얻은 후보가 2주 후에 실시된 본선에서 1백표가 넘는 차이로 역전패 한일이 있다. 같은 사람을 놓고 2주 사이에 최고 지성인 교수들의 지지자가 이렇게 변할 수 있을까 믿어지지 않겠지만 우리 대학사회에 있던 실제 사례이다.

직선제 총장제도입으로 대학이 정부의 통제로부터 다소 자유로워진 면이 있으나 임명제 못지 않은 부작용이 노출되어 사회적 관심사가 되고 있음은 당연하다.

특히 대학 내에서의 과열경쟁은 물론 학연과 지연을 따라 패거리가 되어 학사운영에서 분열과 불화가 초래되고 학교 행정의 효율화를 기하기 어렵게 만들기도 한다.

선거과정에서 논공행상에 따른 보직의 분배로 능력이 무시된 편파적 행정으로 합리성이 상실되기도 한다.

특히 일부대학들은 폐쇄적이어서 모두 교내인사로 총장을 제한하여, 총장후보 중 훌륭한 포부나 능력을 가졌더라도 투표권자인 교수들의 이익에 반대되는 정책을 세우기 어렵다. 그리고 후보들의 능력과 포부를 심도있게 평가할 기회도 충분히 주어지지 못하고 있다.

총장 직선제가 대학구성원 모두 문제가 있음을 느끼면서도 민주주의 즉 투표에 의한 의사결정을 맹종하기를 좋아하여 직선제를 선뜻 포기하기를 싫어한다. 너무 오래간만에 얻은 권리이기 때문일 것이다. 그러나 한번 우리 대학의 총장 직선제의 부작용을 반성해보았으면 한다.

대학의 신입생 선발에 대해

———

　최근 새로 취임한 서울대학교 총장의 신입생 선발에서 지역할당제를 도입하여 지방학생에게 서울대 입학 기회를 주어 지방교육의 질적 발전을 도모해보겠다는 발언이 발표되자 이에 대한 찬반 논란이 계속되었다.

　돌이켜 보면, 서울대학교는 지금까지의 우리나라 교육체제 하에서 최상위권 학생들을 힘 안들이고 유치할 수 있었다는 점에서 축복 받은 대학이다.

　반면 이런 축복이 다른 대학들에게는 상대적 박탈감을 주었고 질시의 대상이 되기도 했다. 우리나라의 교육정책은 건국 이후 오늘날까지 여러 정권을 거치면서 수없이 많은 개혁을 시도하였으며, 이 때마다 국민의 교육에 대한 관심의 초점은 항상 대학입시에 국한되어 왔다고 볼 수 있다.

우리교육의 맹목성 즉, 막연한 기대심리에 의존한 일류대학 진학만
이 교육의 모든 것, 인생의 모든 것으로 생각하는 우리의 의식에 문제가
있으며, 이것이 또한 우리 사회 문화의 후진성을 반증해 주고 있다.
학부형들이나 학생들의 관심은 오로지 학교에서의 성적에만 집중되어
있다.

그러나 아무리 열심히 공부를 하여도 현재의 내신제도나 상대평가
제도하에서 모두가 상위권에 속할 수는 없다. 1백명 중에 10등 안에
들 확률은 10%에 불과하다. 또한 아무리 열심히 공부를 해도 나머지
90%의 학생은 불만족을 느끼게 되고 심지어 인생의 낙오자로 인식되기
쉽다.

현재의 우리 교육제도가 이와 같이 10%에 드는 것을 목표로 하는
한 입시 문제는 영원히 해결될 수가 없다. 우리에게 필요한 인재는
성적의 여하를 떠나 자기에게 맡겨진 일이나 사명을 잘 처리 할 수
있는 실력을 갖춘 사람이다. 이런 인재는 어느 집단에 속하든지 스스로
만족감을 얻고 남의 인정을 받으며 행복을 누릴 수 있는 것이다.

학교 교육의 목표는 상위 10%에 들기 위하여가 아니라, 나머지 90%
에 속한다 하더라도 자신이 뜻한 곳에서 행복한 생활을 할 수 있도록
능력과 실력을 길러 주는 데 있어야 한다.

인간은 누구나 존엄한 존재이며 남으로부터 인정을 받고자 하는 것
이 본능적 욕구이다. 교육이 이 욕구를 충족시켜 주어야 한다. 민주국

가의 교육은 학생에게 우월감을 부추겨도 안 되고 열등의식을 조장해서도 안 된다. 교육 불평등 사회에서는 소수만이 비정상적 우월감을 만끽하게 되고, 대다수는 아무리 노력해도 인정욕망을 충족시킬 수 없기 때문에 교육불평등은 곧 국민적 고통과 불만의 큰 원인이 되는 것이다.

학부모들의 천문학적인 과다 과외비부담과 조기 외국어 교육이나 국내 학교환경에 불만을 느껴 해외로 조기 유학바람이 기승을 부리고 있는 것도 우리 교육제도의 불합리와 무철학에 기인한다고 볼 수 있다.

서울에 있는 몇 개의 대학들만이 압도적 격차 속에서 절대적 우위를 차지하는 기형적 시대는 지나가야 한다. 현재의 교육불평등 체제를 벗어나기 위하여 적어도 국립대학만이라도 교육평등체제로 전환하여야 하며, 이것이 학문수준의 질적 향상을 도모하는 첫걸음이다.

일류대학만을 맹목적으로 추구하는 입시경쟁에서 탈출하기 위해서는 유럽의 대학들처럼 우리 대학들의 평준화와 특성화에 박차를 가하여야 할 것이다. 여기서 평준화란 동질의 교육서비스를 받을 수 있고 같은 수준의 인정을 받을 수 있는 조건을 뜻한다.

모든 학생들이 어느 대학에 가나 그들의 사회적 인정욕망이 충족되도록 하여야 한다. 그래야만 교육의 실질적 민주화가 실현될 수 있을 것이다.

그리고 교육으로 인한 사회적 갈등과 국민 간의 불평등이 해소되고 국민화합이 촉진될 수 있을 것이다.

고등교육의 대중화

고등교육의 대중화로 대화교육을 받는 학생들의 질과 능력이 다양해지고 있다.

많은 대학들이 신입생의 기초 학력 저하를 걱정하는 목소리가 높다. 적성교육을 중시한다는 취지에서 한때 금지시켰던 고등학교와 중학교에서의 보충수업을 허용해야 하느냐, 계속 금지해야 하느냐를 놓고 교육당국 간에 이견으로 혼선을 빚고 있다.

우리 교육, 문제의 핵심에서 벗어난 해묵은 논쟁 같아서 답답하게 느끼는 국민이 많을 것이다.

우리의 교육풍토는 마치 소수의 명문대학에 진학하기 위해 다른 사람과의 경쟁에서 이기는 것만이 교육의 목적이요, 인생의 목적인 것처럼 인식되고 있다.

대중화된 대학교육 현실을 외면한 우리 사회의 병폐이다. 지금까지의 학교교육은 자기 스스로 공부해 지식을 몸에 익히는 것이 아니라 배운 것을 암기하기만 하면 학교 석차가 올라가고 이러한 석차 중심의 교육은 결과적으로 건전한 창조력과 지적호기심의 싹을 꺾어 버리고 자신이 사물을 논리적으로 생각한다거나 분석한다거나 혹은 비판하는 능력을 상실하게 된다. 우리 교육의 문제가 바로 여기에 있다.

지식의 주입식 교육과 항상 정답이 주어지는 교육을 계속 받아온 학생이 개인의 주체성이 존중되고 자주적인 학습태도가 요구되는 대학이라는 새로운 환경에 들어오면 그 환경에 대한 불안에 시달리게 된다.

한편으로는 초등학교 때부터 시달려온 과외와 시험공부로부터 벗어나게 됐다는 안도감과 해방감으로 대학에 들어온 학생들은 학습의욕이 결여되기 쉽다.

주체성 있는 학습태도가 요구되는 대학교육에 있어 스스로 찾아 공부하는 습관을 배우지 못하고 대학에 입학한 학생들에게는 대학의 자유로운 분위기가 어색하기만 하다.

형성의 초기단계인 초등학교부터 고등학교까지 다니는 동안에 인간성을 공부하게 해 주는 정서교육이나 사회성 훈련의 기회를 제대로 갖지 못하고 자란다.

그동안 학습의욕이 없는 학생들에게 우리 대학들은 학위를 취득하기 위한 기관에 불과했다. 그러나 이제는 공부를 하지 않고도 받는 학위나 간판의 시대는 지나갔다.

그전에는 기업이 학생을 채용해 다시 그 기업에 맞는 교육을 하고 일을 시켰으나 이제 기업은 그렇게 할 여유가 없다. 공부를 하지 않고 대학을 졸업하는 학생은 취직을 못하게 되고 그 대가를 치르게 된다.

오늘의 대학은 학교교육에서 못다한 기본 습관과 기초 지식을 보완하면서 전문 지식과 기술을 함께 연마하도록 교육프로그램을 개혁해야 한다. 대학의 사명은 이러한 변화된 학생과 사회의 요청에 부응하는 교육내용과 방법을 찾아 대학에서 배출하는 인재의 질적 성장에 더욱 초점을 두고 노력해야 한다.

우리나라 대학의 경우 등록금 의존율이 80%에 육박하지만 학생 1인당 교수 수, 장서 수 등 교육경쟁력은 턱없이 부족하다. 이런 상황에서 기여우대제가 사립대 재정 확보의 대안이 될 수 있을지 전국사립대총장협의회 신극범 회장(대전대 총장)을 만나 이야기를 들어봤다.

기여입학은 필요하다고 보는가

"국가의 사립대 재정 지원이 부족한 현실에서 재정 확충으로서의 기능만 고려한다면, 찬성한다. 그러나 기여입학은 재정확보를 위한 고육책으로 제시되지만 경우에 따라서는 특정분야, 일부대학에서는 단기적인 재정확보 책이 될 수도 있다."

'기여입학제'가 도입된다면 어떤 부분에서 대학에 도움이 되겠는가.

"사립대 전체 재정의 5% 미만을 정부로부터 지원받는 우리나라 대학의 경우, 교육환경 개선은 힘든 상황이다. 이런 면에서 기여입학은 턱없이 부족한 정부지원경쟁력 분야에 힘을 보탤 수 있으리라 생각된다. 그러나 사회적 인지도가 높은 일부 대학과 인기학과에 편중될 우려가 높기 때문에 학과별로 등록금을 재조정하거나 타 학과에 우수교수확보, 연구비지원, 교육환경확보 등의 교육투자가 함께 보장돼야 한다."

기여입학을 실시할 경우, 우려되는 점은 무엇인가

"입장권 팔 듯 대학입학 자격을 돈과 맞교환하자는 것은 교육적으로 문제가 있다고 본다. 명예를 돈으로 산다는 개념도 개운치 않다. 가정형편이 좋지 못한 학생들이 겪을 좌절감이나 사회적으로 닥치게 될 교육기회 불평등에 대한 우려도 간과해서는 안 된다."

보완책이 있다면, '육' 개별상황인데 우리나라 입시제도는 지나치게 획일화돼 있다. 중앙으로부터 지나치게 통제돼 있는 경직된 입시제도는 입시제일주의를 야기했다. 수년동안 입시 부정을 일으켜왔던 대학들을 공정하게 관리하기 위해 입시가 제도화돼 버렸다. 따라서 대학들은 우선 국민들의 신뢰를 회복해야 한다. 투명한 입시관리로 사학의 공신력을 높여 대학 자율화가 확보될 때 기여우대제가 제대로 시행될 수 있을 것이다.

기여입학 역효과를 줄이기 위한 전제조건은 무엇인가

"교육에 대한 질 관리를 철저히 한다면 역효과를 줄일 수 있을 것이다. 그 중 한 가지 방법으로 졸업자격 제한 을 들 수 있다. 수학능력이 떨어지는 학생의 졸업을 제한함으로써 대학교육의 질을 제도적으로 보장할 수 있을 것이다.

국립대와 사립대 간 역할분담을 국가차원에서 실시하는 것도 한방법이다. 국가 전략분야나 지원이 많이 필요한 기초분야 등은 국립대가, 응용학문 등은 사립대가 분담하도록 하면 일부 인기대학 인기학과에 기여입학이 편중될 것이라는 우려를 조금은 덜 수 있을 것이다.

무엇보다도 입학권을 학교별 고유권한으로 인정하는 등 입시 기준을 다양화하려는 노력도 필요하다. 동시에, 교육체계에서 우려되는 혼란을 최소화하기 위해 기여 범위를 명확히 제시해야 한다. 또한 다른 학생들에게 피해가 가지 않도록 기여입학은 정원외로 선발해야 한다."

지역대학 교류 · 협력 강화

———

"23개에 이르는 대전 · 충남지역 대학들의 상호교류 · 협력을 더욱 확대, 경쟁력을 강화하는데 주력하겠습니다." 30일 오전 11시 30분 유성호텔에서 열린 대전 · 충남지역 총장협의회 에서 오제직(吳濟直) 공주대 총장에 이어 만장일치로 회장으로 추대된 신극범(愼克範) 대전대 총장은 지역대학의 미래가 결코 어둡지 않다고 단언했다. 신 총장은 "평생교육체제로 교육이 확대되고 있는 만큼 지역 대학의 역할이 더욱 다원화되고 있다"며 대학들이 부설로 운영하고 있는 평생학습 프로그램의 네트워크화가 필요하다고 지적했다. 수도권 대학들이 아산 신도시개발지역 내로 진출한다는 소문이 급속도로 퍼지고 있는 가운데, 지역 대학이 학생뿐만 아니라 지역주민들의 교육기관으로 거듭나야 한다는 것이다.

신 총장은 대전중·고등학교를 졸업하고 연세대 영문과, 서울대 교육대학원을 거쳐 미국 미시간 주립대 대학원에서 철학박사 학위를 받았다. 그는 한양대 사범대학장, 대통령 교육문화수석비서관, 한국교원대 3.4대 총장, 광주대 3대 총장을 거쳐 현재 대전대 4대 총장으로 재임하고 있으며, 교육공로를 인정받아 지난 98년 대한민국 국민훈장 무궁화장을 받았다.

대전·충남지역총장협의회는 지난 1990년 3월 결성됐고, 회장직의 임기는 2년이다.

삶은 끊임없는 학습과정

―――

"삶은 끊임없는 학습의 과정이며 학습을 통해 무수한 삶을 경험합니다."

신극범 대전대총장은 "현대사회는 언제 어디서나 누구든지 배움을 주고 받을 수 있는 평생학습사회"라며 "대전시민 평생학습 축제는 이러한 의미에서 한국의 성인교육을 앞에서 주도할 의미 있는 행사"라고 말했다.

신 총장은 "학습이란 가르침과 같은 공식적인 수단을 통해서 혹은 자기훈련 등과 같은 비공식적인 방법을 통해 지식이나 기술, 신념 등을 획득하는 것을 말하지만 동아리발표회·작품전시 같은 평생학습 축제를 통해 많은 정보를 공유할 수 있다"고 밝혔다. 또 "후손들에게 물려줄 것은 외형상의 경제성장만이 아니라 인간을 중요시하고 서로 사랑하며 소박함의 의미를 일깨워주는 가치관의 확립과 교육체계"라며 "첫 번째 열리는 대전시민 평생학습 축제는 바로 이런 변화의 출발점"이라고 덧붙였다.

"21세기의 세계화·정보화시대는 열린 교육 사회, 평생학습사회의 건설을 지향하고 수요자 중심의 평생학습으로 전환된다"며 "대전시민 모두 평생학습인으로서 자부심과 긍지를 가지고 이번축제를 마음껏 향유하자"고 말했다.

신 총장은 "대전대에도 평생교육원이 설립돼 교육인적자원부로부터 2002-2006년까지 대전지역 평생교육정보센터로 지정돼 체제의 재정비를 꾀하고 있다"며 "양질의 교육프로그램을 제공하기 위해 노력 하겠다"고 말했다.

1등도 꼴찌도 능력발휘하게 돕는 것이 교육

———

　신극범 대전대 총장(73)이 오는 28일로 임기를 마치고 퇴임한다. 전국사립대총장협의회장, 대전충남대학총장협의회장, 대전권대학발전협의회장 등을 역임하며 대학과 지역발전을 위해 분주하게 뛰었던 4년간의 생활을 접게 되는 것. 25일 퇴임식을 갖는 신 총장으로부터 지역대와 교육 발전에 대한 철학을 들어본다.

　대담 : 신극범 대전대 총장과 宋信鏽 문화체육부장

　신 총장이 지난 4년간 대전대 총장을 역임하며 받은 명함은 총 2000장. 휴일까지 포함해서 하루도 빠짐없이 1명 이상의 새로운 사람과 인사를 나눈 셈이다. 그리고 그의 전용차가 4년간 달린 거리는 18만 km. 하루 평균 123km의 거리를 달렸다. 고희가 넘은 나이라고는 믿기지 않을 왕성한 활동. 신 총장은 다른 곳이 아니라 교육계 이기 때문에 가능했다고, 그래서 힘든 줄 모르고 즐겁게 일했다고 강조했다.

■ 단순히 대전대를 떠나는 것이 아니라 50년 동안 몸담았던 교육계를 떠나는 건데요. 감회가 남다를 것 같습니다.

▲ 고향에서 마무리를 할 수 있었던 것이 제겐 큰 행복이었습니다. 많은 분들이 도움을 주었고 격려를 아끼지 않았구요. 대전공고 교사로 시작해 교육부와 청와대, 그리고 여러 대학의 총장을 거쳤지만 대전대에서, 그리고 이곳 대전에서 일했던 마지막 4년이 가장 보람되고 즐거웠던 시간이었던 것 같습니다. 출발했던 곳에서 마무리를 할 수 있는 행운은 아무나 잡을 수 있는게 아니지요.

■ 아쉬움도 적지 않을텐데요.

▲ 지난 4년 동안 대전대 만을 위해서 일했다고는 생각하지 않습니다. 갈수록 상황이 어려워지는 지역대학, 그리고 지역을 위해서 일했다고 감히 말씀드릴 수 있습니다. 하지만 제가 부덕한 탓인지, 아니면 여건이 허락하지 않기 때문인지 지역대학들은 신입생 충원 위기에 갈수록 내몰리는 상황이 됐습니다. 지역과 지역 대 발전을 위해 대학들을 더욱 똘똘 뭉치게 했어야 하는데 그렇지 못한 점이 아쉬움 으로 남습니다.

■ '대전대는 서울대다' 라는 말씀을 자주 하셨던 것으로 기억합니다.

▲ 전국의 총장들을 만나도, 학내 구성원들에게도, 그리고 중앙과 지역의 단체장 들을 만나도 늘 대전대는 서울대 라고 표현했습니다. 그것은 두 가지 이유 때문입니 다. 첫째는 내가 몸담고, 일하고 있는 곳이 최고라는 자부심을 가져야 한다는 것이 고 또한 실제로 그렇게 될 가능성이 있기 때문입니다. 비록 신행정수도가 당초 계획에서 벗어났지만 대전이 한국의 중심이 된다면 대전대는 자연스럽게 전국의

중심이 될 것입니다.

■ **총장님의 교육철학과 교육계 발전을 위한 고견을 듣고 싶습니다.**

▲ 사람은 물건이 아닙니다. 물건은 최고제품, 1등 제품만 골라서 선택하고 나머지는 버려도 됩니다. 또 그래야 합니다. 하지만 사람은 다릅니다. 가장 잘난 사람을 취하고 나머지를 버린다면 그것은 잘못된 사회입니다. 교육은 바로 그런 잘못된 사회를 잡는 유일한 수단입니다. 1등도 꼴찌도 자신의 능력을 발휘할 수 있도록 하는 것이 교육입니다.

■ **대학이 위기를 맞으면서 그런 교육철학이 실종되고 있다는 지적이 많습니다.**

▲ 가장 안타까운 현실이지요. 유명대학들은 90점 이상 짜리, 100점 짜리 학생만 서로 데려가려고 싸우고 지방대학들은 형편이 어려우니까 무조건 학생만 뽑고 보자는 식입니다. 물론 어쩔 수 없는 부분도 있습니다. 하지만 50점짜리를 90점, 100점짜리로 만드는게 교육입니다.

■ **최근 경제관료 출신이 교육계 수장이 되었다고 비난하는 목소리가 높습니다. 이 부분은 어떻게 생각하는지요.**

▲ 교육을 경제적 논리로 본다면 그것은 분명 큰 문제입니다. 하지만 저는 다른 각도로 보고 싶습니다. 교육계는 어떻게 보면 가장 힘없는 조직입니다. 돈도 없구요, 경제를 아시는 분이니까 오히려 교육에 더 많은 투자를 할 수 있지 않을까요? 그런 기대에 부응할 수만 있다면 더 문제삼을 건 없다고 봅니다.

■ **그동안 주변의 유혹도 많았을텐데, 50년 동안 교육계에만 몸담은 이유가 있다면?**

▲ 제가 고향에서 시작해 고향에서 정리할 수 있었던 것은 다른 분야가 아니라 교육계에 있었기 때문에 가능한 일이었습니다. 다시 말해 지금까지 이렇게 큰 일을

할 수 있었던 것은 다름 아닌 교육계에 종사했기 때문입니다. 만약 정치나 관료, 아니면 또 다른 분야로 눈을 돌렸다면 제가 일할 수 있는 기회는 더 적었을 것입니다. 그래서 스스로가 자랑스럽고 저를 도와준 분들에게 새삼 감사의 마음이 드는 것입니다.

■ 마지막으로 그동안 애정을 쏟아부었던 대전대와 지역에 하실 말씀이 있다면?

▲ 지역에는 많은 사립대학들이 있습니다. 하지만 순수하게 지역에 뿌리를 내리고 있는 대학은 거의 없습니다. 이제 대전대는 임용철 이사장을 직접 총장으로 모시게 됐습니다. 젊지만 진지하고, 준비된 총장이며 무엇보다 투명한 경영을 최고 원칙으로 삼는 사람입니다. 지역민들이 애정어린 관심으로 대전대를 지켜봐주고 격려해준다면 틀림없이 지역발전을 선도할 수 있는 대학으로 성장할 수 있을 것입니다.

퇴임에 앞서 신 총장은 그동안 자신의 직함이 새겨졌던 명함을 정리했다. 그리고 그것을 복사해 퇴임식 초청장에 동봉했다. 이력을 알리기 위해서가 아니다. 4년간의 대전대 총장직을 떠나는 것이 아니라 평생을 바쳐 봉사해 온 교육계를 이제 떠난다는 것을 알리기 위해서다.

그의 퇴임식은 25일 오전 11시 혜화문화관 블랙박스 홀에서 열린다.

교원 교육이 바로 되어야 나라가 바로 선다

————

1957년 대전공고 교사로 교육계에 첫발을 들여놓은 신극범 총장은 지난 35년간 한국 교육발전을 위하여 헌신해 온 교육계의 산증인이다. 자유당 시절에는 교원 재교육 및 교육기자재를 지원하는 일에 몰두하였으며, 문교부 장관의 영문 담당 비서로 활동하다가 4·19를 맞았다. 5·16 이후에는 한국 교육개발원 창설에 참여하였고, 한양대 사범대 교수로 재임하다가 문교부 교직국장으로 발탁되었다. 2·12 총선 이후 대통령 교문수석비서관으로 임명되어 3년간 대통령을 보좌하였다. 지난 1988년 한국교원대학교 제3대 총장으로 부임해서는 『교원교육이 바로 되어야 나라가 바로 선다』고 강조하며 교육정도 확립을 주장하고 있다.

1981년 5월 정부에서는 학계의 전문인사를 국가 공무원으로 활용하기 위하여 관계 법령을 개정하면서 신극범 한양대 교수가 문교부 교직국장으로 발탁된다. 신극범 씨는 그해 8월부터 1년 반 동안 문교부에서 교직국장으로 재임하면서 교원의 자질과 사회적 지위를 향상시키기 위한 여러 가지 정책을 개발 추진하였다.

특히 1982년을 교권확립의 해로 선포토록 하였으며, 중등교원에 비하여 3호봉이나 차이가 나는 초등교원의 호봉을 동일하게 인상하였다. 그리고 월 3만여 원에 불과했던 교직수당을 10만 5천 원으로 대폭 현실화하였다. 또한 일선 학교 교사들을 숙직 부담에서 해방시키기 위해 숙직 전담제를 도입하기도 했다. 이 밖에도 교육계의 자체 기념일에 불과했던 '스승의 날'을 국가적인 기념일로 지정토록 하여 정부 차원의 관심을 유도하였다.

신극범 교직국장은 또 교원대학 설립을 구상하게 되었는데 그 이유는 교원의 양성·연수·연구 등 3대 기능을 통합·수행하는 중심 교육기관이 필요하였기 때문이다. KEDI에 교원대학의 필요성을 연구, 정부에 설립을 건의토록 하였고, 제5차 경제·사회발전 5개년 계획에 교원대학교 설립안을 포함시키는 일까지 해냈다. 이제는 교원대학교를 설립할 부지를 선정하고 매입하는 일을 할 차례였다.

충남·북간의 경쟁

전두환 대통령은 교원대학이 전국 학생 및 교원들을 대상으로 하는 교육기관이므로 과밀화된 수도권보다는 중부권에 설립하는 것이 바람직하다는 의견을 제시했다. 대전, 청주, 천안 등 중부권 도시 주변을 샅샅이 뒤지며 50만 평 정도의 부지를 확보하기 위한 정밀 답사가 실시되었다. 이때 마지막까지 경합하던 두 지역이 있었는데 그중 한 곳이 지금의 교원대학 부지이고 나머지 한 곳은 대전 근교였다. 대통령의 최종결정만을 남겨놓았을 때 청주 청원 출신의 정종택 의원이 대통령에게 건의하여 충북 유치를 실현하였다.

청와대 교문수석으로 발탁

한양대 사범대학장으로 복귀한 신극범 씨는 전국 사범대학장 협의회장을 맡기도 하였다. 1985년 2·12 총선 이후 단행된 개각에서 손제석 교문수석이 문교부장관으로 기용됨으로써 교문수석 자리가 비게 되었다. 신극범 씨는 청와대 교문수석으로 발탁되어 만 3년 동안 재임하면서 많은 일들을 해냈다.

우선 교육계를 비롯한 각계 원로인사 30여 명으로 교육 개혁 심의위원회를 구성, 우리 교육 전반의 문제점을 진단하고 발전적인 개선책을 연구하였다. 당시 교육 개혁 문제는 전국민적인 관심사항으로서 1개 부처의 노력만으로는 이룩할 수 없는 난제였다. 대통령이 직접 주재하는 교육개혁심의회가 1년에 2차례씩 청와대에서 열렸으며 이때에는 전 국무위원이 배석하였다. 대학 졸업정원제 폐지, 대학 입시과목 축소(16과목 → 9과목), 대학의 자율성 확대 등의 시책이 모두 이 위원회에서 연구 건의하여 채택된 것이다.

둘째로 86아시안게임과 88올림픽을 성공적으로 치르기 위한 준비에 몰두했다. 특히 86아시아 경기 대회를 준비하면서 북한의 방해 공작이 의외로 치밀한데 여러 번 놀랐다. 하지만 국가의 운이 좋았던 탓인지 아시안 게임을 성공적으로 치룰 수 있었다. 이 무렵 청주여고 체조선수인 김소영 학생이 훈련 중 허리를 다치는 부상을 당했다. 전두환 대통령에게 보고하여 위로금을 마련해 주고, 청주에서 교사생활을 하던 부친을 서울로 전출시켜 준 일도 있었다.

셋째로 사회안정을 위해 학원 및 종교 지도자들을 자주 만나 격의 없는 대화를 나누었다. 직선제 개헌을 요구하는 시위가 각계로 확산하는 등 5공 말기의 사회 분위기가 점차 혼란스러워져 갈 때도 신극범 수석은 늘 대화를 통해 해결하려는 노력을 아끼지 않았다. 틈틈히 대학 총장, 교수, 학생들을 만나는가 하면 종교계 지도자들까지도 수시로 만나 그들의 주장을 경청했다. 대학 및 종교계 인사들에게 들은 많은 이야기는 대통령에게 보고되어 신속히 정책에 반영되도록 하였다. 이 때 전두환 대통령을 가까이 대하면서 자상하고 온화한 인간성의 소유자라는 것을 느꼈다. 전두환 대통령은 아시안 게임이 끝난 후 수상자들에게 100~200만 원의 격려금을 하사하였다. 신극범 수석이 대회에서 입상하지는 못했지만 많은 고생을 한 선수들에게도 30만 원씩의 격려금을 주자고 건의했다. 전두환 대통령이 격려금을 50만 원으로 올려주라고 지시할 정도로 인정이 많았다.

교원교육의 중추기관으로 육성

1985년 3월 한국교원대학교는 첫 신입생을 맞이하였고, 이규호, 권이혁 총장에 이어 1988년 제3대 총장으로 신극범 씨가 부임하여 첫 임기를 4년 마치고, 1992년 2월 최초의 직선총장으로 선출되었다.

신극범 총장은 한국교원대학을 교원의 양성 · 연수 · 연구 등 3대 기능을 통합, 수행하는 교원교육의 중추 기관으로 육성하는 데 주력한 결과 이제는 학부, 대학원, 연수원생 등 6,000여 명을 수용하는 대규모 교육시설로 성장하였다. 지난 2월 22일 개최된 학위수여식에서는 박사(10명), 석사(600명), 학사(430명)를 배출하였으며, 1994년 3월 부속 고등학교도 개교할 계획이다. 학부 과정은 성적이 우수한 학생은 물론 교사로서의 자질과 사명감이 투철한 학생을 선발하려고 노력하고 있다. 이 때문에 신입생 선발시험에 응시하는 모든 수험생이 시 · 도 교육감의 추천을 거쳐야 지원할 수 있도록 하였다.

특히 전체 학생들에게 입학금과 수업료를 면제할 뿐만 아니라 2년 동안 의무적으로 기숙사 생활을 하도록 하여 투철한 교직관을 함양시키고 있다. 21개 장학단체에서 학기당 30~150만 원의 장학금을 지급하고 있어 전체 학생의 50%가 장학 혜택을 받을 만큼 장학제도가 잘

되어있다.

지역사회 일원으로서의 역할에도 충실

한국교원대학교는 지역사회 일원으로서 그 교육적 역할을 다하기 위해 노력하고 있다. 25만 평의 잘 가꾸어진 캠퍼스는 지역주민을 위한 공원이라고 부를 정도로 많은 사람이 찾아온다. 특히 주말에는 많은 청주시민들이 아이들과 함께 찾아와 교육시설을 견학한다. 교원대학이 자랑하는 천문학과는 전국 대학 중에서 세 군데밖에 없는 희귀 학과로서 초·중·고등학교 학생들은 물론 일반인들도 견학을 많이 온다.

한국교원대학에는 국내는 물론 세계적으로도 그 권위를 인정받는 교수들이 많이 있다. 이들이 지역대학 교수들과 「충북발전을 위한 연구」를 함께 하거나 학문적인 교류를 활발히 하도록 적극 지원하고 있다. 지금까지 1만여 명의 전국 초·중·고등학교 교장 및 교사들에게 2~12주간의 연수교육을 실시하였다. 이때마다 충북을 소개하는 시간을 마련하여 전국교육계에 충북을 알리고 있다.

학교 당국의 이와 같은 노력에 호응하여 학생들도 매년 어버이날 인근 보육원과 노인회관 등을 위문하거나 지역주민을 학교로 초청하는 행사를 개최함으로써 지역사회의 다정한 이웃이 되어가고 있다. 한국교원대가 산적한 교육 문제를 해결할 수 있는 교육개혁의 요람으로 성장할 것이라는 기대를 해본다.　(1993. 3. 중부시사, 커버스토리)

교육의 질은 교사의 질에 의해서 결정된다

———

　교육의 질은 교사의 질에 의해서 결정되는 것이므로, 보다 질 높은 교육을 위해서는 우수한 교사를 양성할 수 있는 교원교육 체제와 그 프로그램의 쇄신이 절실히 요청된다.

　한국교원대학교는 이러한 요청에 부응하여 1985년 3월에 설립된 우리나라 유일의 국립 교원 양성 종합대학교이다.

　23만여평의 넓은 교지에 깨끗하고 쾌적한 교육시설을 갖추고 유치원 및 초·중고등학교 교사의 양성과 교원 재교육 및 현장 교육연구 추진 등 체계적이고도 종합적인 실험·시범적 통합교육 기관이다.

　학생 4천여명(학부 2천여명, 대학원 2천여명)이 재학하고 있으며 1985년 개교 이래 학사 2,643명, 석사 1,550명과 박사 33명 및 교장자격 연수를 포함하여 총 13,705명의 교육연수 이수자를 배출하여 전국의 교육현장에서 교육발전에 선도적 역할을 하고 있다.

또한 국제화 시대에 능동적으로 대처하고 국제적인 이해의 증진과 학술연구 발전을 위하여 영국 · 미국 · 중국 · 러시아 등 외국의 저명한 대학과 학술교류 협정을 체결하여 학술교류를 넓혀가고 있다.

1988년 제3대 총장으로 신극범씨가 부임하여 첫 임기를 4년 마치고 1992년 2월 최초의 직선 총장으로 선출되었다.

신극범 총장과의 만남은 本誌와의 오랜 인연으로 분주한 틈을 쪼개어 이루어졌다.

「우리 교원대학교는 예비 초등교사를 위해서 교직에 대한 사명감과 교육자로서의 수범을 보일 수 있도록 敎育正道를 추구하는 교사상을 특별히 강조하고 있는 부분입니다.

교과지도뿐 아니라 특별활동 지도 능력을 배양하고 초등학교 교육과 관련된 학생 자치 활동을 장려하고 있지요.

그리고 신입생 선발시험에 응시하는 모든 수험생들이 시 · 도 교육감의 추천을 거쳐야 지원할 수 있으며 전체 입학금과 수업료를 면제할 뿐만 아니라 2년 동안 의무적으로 기숙사 생활을 하도록 하여 투철한 교직관을 함양시키고 있습니다.」

이 외에도 국제적 이해를 위한 다양한 강좌를 개설하고 외국 자매결연 대학의 교수를 초청하여 공개강좌를 개최하며 각 시 · 도의 교육 실상 이해를 위해 시 · 도 교육관계자의 특별 초청 강의를 실시하고 있다.

한국교원대학이 자랑하는 천문학과는 전국 대학 중에서 3군데 밖에 없는 희귀학과로서 초·중·고등학교 학생들은 물론 일반인들도 견학을 많이 온다.

한국교원대학에는 국내는 물론 세계적으로도 그 권위를 인정받는 교수들이 많이 있다. 이들이 지역대학 교수들과 「충북 발전을 위한 연구」를 함께 하거나 학문적인 교류를 활발히 하도록 적극 지원하고 있다.

「우리 대학은 초·중등 차별이 없이 같은 시설과 같은 교수에게 수업을 받는다」는 특성을 가지고 있습니다.

초등경시 풍조는 절대로 없으며 생활관교육을 통하여 사회생활의 기본이 되는 인화단결 및 자치능력과 교사로서의 인격도야와 협동정신을 함양하고 교과교육전문가로서의 긍지와 자부심을 심으며 전인교육 지도자로서의 기틀을 닦기 위한 공동체적 인격수련을 하지요.

교사는 기본자질이 균형을 이루어야 하며 품성교육이 잘 되어야 아이들을 가르칠 수 있어요. 초등학교에서의 영어교육은 시기적으로 꼭 필요한 때이지만 서두르지 말고 우선 정상적인 영어교육을 시켜야 하고 과감한 투자를 통하여 전문가를 양성해야 제대로 뿌리가 내려지는 영어교육이 됩니다.」

교육개혁의 가장 근본은 기초연구를 많이 하여 우수교사를 확보하고 교육현장의 수업체제를 현대화하여 개성과 창의성, 능동적 학습활동이 가능하도록 국가가 뒷받침을 해야 한다는 게 교육 신념이라는 신극범 총장은 평소의 행정철학으로 언행일치와 인화를 통한 正道主義 공동체를 주장하며 교육자는 정직과 성실을 바탕으로 일관성이 있어야 한다고 밝힌다.

교육부 교직국장 재임시, 중등교원에 비하여 3호봉이나 차이가 나는 초등교원의 호봉을 동일하게 인상하였으며 일선학교 교사들을 숙직부담에서 해방시키기 위해 숙직전담제를 도입했고, 교육계의 자체 기념일에 불과했던 스승의 날을 국가적인 기념일로 지정토록 하여 정부차원의 관심을 유도했다.

늘 부드러운 미소와 합리적인 사고방식으로 주변을 화평케하는 성품의 신극범총장이 이끄는 한국교원대학교가 산적한 교육문제를 해결할 수 있는 교육개혁의 요람으로 성장할 것이라는 기대를 해본다.

교육은 군사부일체(君師父一體)
사학자율성 보장돼야

———

신극범 대전대학교 총장은 지난 8월 17일 열린 '글로벌 시대 대학 교육과 사학 역할 재정립'이란 국제학술 심포지엄에서 사학의 재정 확보 대책과 기여입학제 실시 등 다양한 사립대 발전 전략 방안을 제시했다.

신 총장은 "정부는 사학 자체로서 자율적으로 발전 할 수 있도록 학사운영과 행·재정 운영에 있어서 최대한의 자율권을 부여해 사학의 독창성과 다양성을 보장해야 한다"고 강조했다.

또 "정부는 더 이상 사학에 대한 통제를 중지하고 사학의 창의적 발전이 가능하도록 대학교육재정 교부금법 제정과 조세개혁 등 행·재 정적 지원을 아끼지 말아야 한다"고 말했다.

사학의 독창성과 자율성을 강조하셨는데 교육과의 연관성을 규정해주시지요?

교육은 군사부일체(君師父一體)입니다. 인간은 교육을 통해서 만들어진다고 합니다. 교육은 영재든 둔재든 모든 국민에게 기회가 주어져야 하며 다양한 국민의 욕구를 충족시킬 수 있는 교육제도가 필요합니다.

교육은 인간의 잠재력을 최대한 신장시켜 국민 개개인의 자아실현을 가능케 하고 국가사회에 필요한 인재를 양성하는 국가적 과업이라는 데서 사학의 공공성은 유지돼야 합니다. 그러나 공공성을 앞세워 사학의 자주성과 자율성을 보장하지 못한다면 지난 5·16 군사정부 이후 학생선발권, 인사권, 교육과정 운영 등 자율성을 상실한 채 오늘에 이르게 된 사학의 본연의 모습을 되찾을 수 없습니다. 사학의 자율화는 행·재정적 측면은 물론 학사운영 전반에 이르는 자율화를 의미합니다. 특히 학생선발의 자율권이 확보된 가운데 교육기회의 개방과 품질 향상이 이뤄져야 합니다.

정부는 학생선발을 규제하기 보다는 대학들이 어떤 품질의 인재를 어떻게 양성하는가에 정책적 지원을 해야한다고 생각합니다.

수능을 통한 획일적인 기준으로 학생을 선발하는 것보다는 창의성과 독창성이 보장된 개방적 입학제도를 도입해 외국유학생까지 모집할 경우 대학의 경쟁력은 한층 강화될 것입니다.

현재 국내 사립대학이 국가발전에 기여하고 있는 측면에 대해 말씀
해주십시요.

한국의 사립대학은 전문대학의 90%와 4년제 대학의 80%를 담당하
고 있어 국가 고등인력 배출의 큰 몫을 하고 있습니다. 그러므로 사학발
전은 곧 국가발전의 지상 과제가 아닐 수 없습니다.

특히 우리나라 사학은 지금까지 국가의 경제성장과 산업발전에 필요
한 다양한 인력을 공급하고 유용한 지식과 정보 등을 창출해 제공함으
로써 한국 경제발전의 원동력이 되었으며, 이는 명백한 사실입니다.

그럼에도 불구하고 우리 사학들은 그 동안 제도상으로 공립에 준하
는 법이 규제와 정부의 통제하에서 사학 본연의 독창성이나 자율성을
상실한 채 오늘에 이르렀고, 일부 사학들은 부조리와 비리로 국민으로
부터 지탄과 불신을 받고 있습니다. 따라서 국제사회가 요구하는 경쟁
력 있는 인재를 육성하기 위해 법인과 대학의 모든 사학 구성원들은
지난날을 반성하고 밝은 미래를 향해 사학본연의 기능을 회복해야 합
니다.

**정부의 사학 재정지원을 대폭 늘려야 한다고 하셨는데 이 부분에 대해
서도 말씀해 주시지요.**

대학교육의 75%이상을 담당하고 있는 사립대학에 대한 국가의 재정
지원이 미미해 공립과의 형평성 논란을 불러오고 있습니다. 사립의
경우 국고지원이 교육재원의 4.5%에 불과해 대학의 재정에 대해 국가

적 차원에서 교육재원 확보를 정책적으로 규정해야 합니다.

초중고의 교육 예산은 지방교육재정 교부금법과 지방교육 양여금법에 의해 안정적으로 확보되고 있으나 대학은 법적 장치가 없습니다. 따라서 내국세 5%를 지원하는 '대학교육재정 교부금법'을 제정해 대학의 재정 고갈 상태를 개선해야 합니다. 또한 우리나라 고등교육의 80%를 담당하는 사립대학에는 교수인건비를 전혀 지원하지 않고 있는 반면에 국립대학은 전적으로 국가 재정에서 인건비를 지원하고 있습니다. 이는 사립대학의 공공성과 자유경쟁에 비추어 볼 때 불공정한 것입니다.

사립대학의 교수 인건비 일부의 정부보조를 강조하셨는데 교육의 질과 어떤 관계가 있는지요?

교육개발원의 통계에 따르면 지난해 일반대학의 전임교수확보율은 국립대학의 경우 평균 64.2%이며 사립대학은 평균 55.3%로 나타나 있습니다. 이는 대학 강의의 절반이 겸임교수와 초빙교수, 시간강사에 의존하고 있다는 것을 의미합니다. 이같은 원인으로 유용한 연구실적을 갖고 있음에도 불구하고 열악한 보수와 미래의 불확실성을 안고 강의를 하고 있어 수준 높은 교육을 기대하는 것은 사실상 어려운 실정입니다.

현재 정부는 국립대학에는 전적으로 국가 재정에서 인건비를 지원하고 있으나 사립대학에는 교수인건비를 전혀 지원하지 않고 있습니다.

이는 사립대학의 공공성과 자유 경쟁에 비추어 볼 때 불공정한 것입니다. 따라서 교수들이 국가 발전과 경쟁력을 선도할 수 있는 특정 전략분야에서 새로운 지식을 창출할 수 있도록 사립대학의 교수 인건비를 국가가 상당부분 담당해야 한다고 생각합니다.

최근 학생수 감소 등으로 재정적 압박을 받고 있는 사립대의 발전 방안은 무엇인지요?

대학의 재정수입은 학생등록금과 재단 전입금, 정부 보조금, 기부금 등으로 구성됩니다. 아무리 좋은 발전계획도 재정적 뒷받침이 없으면 실현이 불가능한 것입니다. 사학 자체의 법인 전입금 증액과 기부금의 확보가 용이하도록 조세제도의 개혁 등 재원확보책이 강구돼야 합니다. 특히 사학의 자율성을 보장하고 권익을 보호하기 위해 주요 사학정책, 사학 관련 업무 및 제도 등 주요 사학문제를 협의, 심의, 건의 할 수 있도록 사학 정책 심의회를 사회 각계 대표로 구성해 사학의 당면문제를 해결하는 등 사학의 발전을 지원할 수 있는 제도적 장치가 마련돼야 합니다.

아울러 사학들도 지난날의 사회적 불신을 반성하고 운영의 투명성 확보와 구성원간의 신뢰회복으로 사회적 공신력을 높여 사학 본연의 위상을 찾도록 환골탈태 해야 할 때라고 생각합니다.

글로벌 시대에 대비하는 우리 교육의 과제

———

지구가 하나의 마을이 되고 세계가 하나의 무대가 되는 글로벌 시대에 있어서는 주체성을 가지고 전 인류를 포용할 수 있는 공동체 의식을 지닌 창조적인 인간이 요구될 것이며, 이를 준비하여야 하는 것이 오늘 우리 교육이 이루어내야 할 과제이다. 따라서 눈앞에 놓여진 우리의 현실에서 교육계에 주어진 과제는 보다 더 차원 높고 책임감 있는 교육을 통해 미래 사회에 적절히 대응할 수 있는 인간을 키워내는 데 있다. 글로벌 시대에 요구되는 인재는 어떠한 인간인가?

첫째로 주체적이며 도덕적인 인간이 요구된다.

오늘날 물질적인 가치를 중시하는 서구 문화의 유입과 더불어 우리 문화는 전래의 인간을 존중하던 미풍양속을 급속도로 쇠퇴시켰다. 물질은 인간다운 삶을 향유할 수 있는 수단임에도 불구하고, 그 수단 자체가 오히려 삶의 목표가 되고 있는 실정이다. 이러한 사고들의 확산은 현세를 살아가는 인간들로 하여금 물질의 노예가 되고 다른 사람을 경시하는 풍조를 조장시키고 있다. 21세기 교육은 이러한 풍조를 지양하고 새로운 가치관을 정립해야 한다. 즉 인간 개인의 개성과 인격은 물론 다른 사람의 개성과 인격을 존중할 수 있는 풍토를 조성함으로써 주제적이며 도덕적인 인간상을 형성해야 한다. 인류 공동체에서 국민의 신용이 가장 큰 밑천이며 힘이 되는 것이다.

주체적이며 도덕적인 인간은 상황에 단순히 피동적으로 예속되거나 적응해 나가기를 거부하고 상황을 자신의 목적과 의도에 따라 자생적으로 변화시키고 이용하는 사람이다. 타인이 자신의 일생을 대신 살아줄 수 없다는 사실을 깨닫고 그 나름의 고유한 삶에 대한 목적과 의도를 가지고 있어야 한다. 자기 자신의 고유성, 잠재적 가능성에 의존하여 자신의 성장의 길을 모색하고 자기 발전에 충실한 인간으로서 자기 자신만을 아는 이기주의적 인간이 아니라 자신 못지않게 타인의 주체성도 인정해 줄 줄 아는 인간이 주체적 인간이라고 할 수 있다. 따라서 주체적인 인간은 자기 문화에 대한 소중함을 알고 그 문화를 유지하고 발전시킬 뿐만 아니라 타문화에 대해서도 개방적이며 폭넓은 이해를 가지려고 노력한다.

급격한 산업화로 결여된 인간관계도 앞으로는 이웃을 사랑하고 존중할 줄 아는 인격을 갖춘 도덕적인 인간이 되어야 한다. 다양한 문화의 유입으로 인한 도덕적인 가치관의 혼란을 예방하기 위하여 우리사회는 교육으로 올바른 삶의 의미와 보람을 추구하는 가치관을 체득케 해야 한다.

둘째로 민주적이고 합리적인 인간을 길러야 한다.

교육의 주체성도 사회생활을 통하여 비로소 그 의미를 찾을 수 있다. 따라서 각자의 일에 충실하면서 다른 사람과 협동하는 공동체 의식을 가진 사람이 바로 민주적 인간이다. 다양한 개성이 존중되어야 하는 동시에 자발적이고 자율적이며 이웃에 대한 관심과 애정을 통해 더불어 살 줄 아는 인간이어야 한다.

민주적 인간의 요건은 자신의 일에 책임을 질 줄 알고, 또 사회 규범을 준수할 줄 알아야 한다. 공동체 의식을 갖춘 인간은 정직하고 성실하며 신의를 인간의 기본 가치로 생각하며, 공동의 이익을 중시하고 이익을 이웃과 나눌 줄 아는 사고와 행동을 중시하는 사람이다. 미래 사회가 분화되고 과학 기술이 발달할수록 이러한 합리적 가치를 지닌 인간이 필요하다.

셋째로 지성적이고 창조적인 인간을 필요로 할 것이다.

21세기를 국제화, 개방화를 통한 세계화 시대로 본다면 다양성과 다원적 가치관을 존중할 줄 알아야 한다. 이성적인 판단이 요구되는 상황에서 감정적인 작용을 경계하고 합리적인 판단을 할 수 있는 지성적인 인간은 다원적 가치관을 존중할 줄 알아야 한다. 또한 지성적인 인간은 전통 문화나 사회에서 당연시 여겨졌던 편견이나 인습을 이성적으로 판단하고 자신을 대함에 있어 습관, 억측, 권위에 의존하지 않고 사리를 분명히 판단할 능력을 가져야 한다.

창조적 인간은 정형화된 사고의 틀에서 벗어나 새로운 방안을 찾는 모험성과 함께 도덕성을 갖춘 인간이다. 창조적인 인간은 현상 유지에 만족하지 않고, 누구나 생각하지 못한 생각을 해내거나 남이 내딛지 않은 분야를 개척하기를 좋아하고 그로부터 보람을 찾고 또한 자신이 하는 남다른 과업에 자신감을 가지고 모험적인 도전을 두려워하지 않는다. 동질성과 획일성 보다는 이질성과 다양성을 사랑한다. 왜냐면 창조적인 발전에는 다양한 의견과 자유로운 비판 의식이 있기 때문이다. 치열해질 국제경쟁 시대에 대응하기 위해서는 이러한 창의성은 물론 근면성과 지식 기술 집약화가 중시되어야 한다.

넷째로 근면하고 끊임없이 학습하는 인간이어야 한다.

급속한 변화와 다양한 정보가 넘치는 사회에서 인간은 학교교육만으로 사회에 적응 할 수 없게 되었다. 21세기에 있어 교육은 일정한 장소와 시간에서만 일어날 수 있다는 생각을 탈피해야 한다. 교육은 학교교육에서 그치는 것이 아니다. 평생 계속되는 과정이며 학습하는 인간은 불확실성에 대한 관용성, 개방성 및 적극성을 가져야 한다. 그는 새로운 문제를 기존의 지식으로 해결하려고 하지만 그것이 불가능 할 때 자기 스스로 문제를 해결해 나간다. 평생학습자는 끊임없이 문제 상황을 탐색하고 분석하고 학습의 결과보다는 학습의 과정에 더 큰 관심을 갖는다. 어떤 지식이나 이론도 탐구와 분석의 대상이 될 수 있다. 따라서 학습은 끊임없이 전개되는 과정에 불과하다.

학습하는 인간은 서로 간 경험에 비추어 옳은 것을 선택하고 서로간의 경험을 공유함으로써 좀 더 나은 앎과 깨달음의 세계에 진입하는 공동체의 한 구성원이라는 인식을 하게 된다.

이러한 글로벌시대에 대비하여 한국 교육이 나가야할 과제가 무엇인가?

첫째, 교육의 이념과 목표의 재정립이 있어야 한다.

교육이념과 목표는 학생 개개인의 인격과 개성을 존중하는 방향에서 정립되어야 한다. 또한 교육의 현실적 변화와 시대적, 교육적 요구와의 계속적인 상호작용을 통하여 교육의 방향을 제시하고, 교육의 실제를 통제해 나갈 수 있어야 한다. 다가오는 시대가 국제화, 정보화 시대이니 만큼, 이에 부응하는 교육의 방향을 설정해야 한다. 또한 21세기는 국제적인 이익 도모가 아닌 더불어 공존하는 시대이다. 따라서 개인의 능력과 함께 남과 공존할 수 있는 능력을 갖도록 교육해야 한다. 즉 인간 존엄 사상의 바탕 위에 이 세상에 한 사람도 버릴 사람이 없다는 명제 위에 교육이 이루어져야 한다.

둘째, 교육 과정 운영이 다양화 되어야 한다.

모든 학생들에게 획일적으로 적용되는 교육과정을 지양해야 한다. 학생의 능력과 개성이 다양한 만큼 교육 과정도 그에 부응해야 할 것이다. 또한 사회의 급속한 변화는 교육적 요구의 다양화를 필요로 한다.

교육내용은 교과 지식 이외의 다양한 교육적 경험을 가능케 하는 내용으로 그 범위를 확대한다. 현행의 획일적인 수업을 개선하기 위해 교육과정 및 교육구조 체제상의 획기적인 변혁을 시도하여야 한다.

각종 학교 행사를 통하여 학생의 전인적 교육을 도모하고 자율적, 협동적 생활태도를 배양하기 위해 경험 학습을 교육 과정에 반영하여야 한다. 학교 교육은 지식뿐만 아니라 민주적 시민의식을 고취시키는 기능도 수행해야 한다. 생활관 학습, 야영활동 등을 적극 활용하여 자율적, 협동적 생활 태도를 길러주어야 한다. 생활관학습은 기본교양과 예절을 실천하는 기회를 마련해 줄 것이며 경험 학습을 통해 사회 규범을 실천하는 능력과 태도를 배양하여야 한다.

적성과 소질 개발을 위한 교육과정 또한 필요하다. 학교는 학생의 자아 성장을 도와야 한다. 학생 개개인의 개성과 소질을 개발할 수 있도록 교육 과정의 자율적 선택 기회를 확대하고 능력별 소집단 활동, 협력 학습을 통해 능력차를 줄일 수 있는 기회를 마련해 주어야 한다.

사고력과 창조력 개발을 위한 교육과정도 필요하다. 개별화된 학습 자료를 준비, 활용케하고, 실험 및 실습을 강조하며 학생들의 발표와 토론을 격려하고, 교사와 학생의 상호 작용을 증대시키도록 하여야 한다.

초, 중등학교의 과학 및 실과 교육의 내용을 사고력과 관찰력 배양에 역점을 두도록 개편하여야 한다. 과목간의 유기적 연계성을 강화하는 한편, 과목간의 중복을 피하도록 하여야 한다. 실험, 실습 기자재는 학교별로 확충함은 물론 지역별로 시설을 공용하는 방안도 검토하여야 할 것이다.

셋째, 교육환경의 재구성과 교육시설의 현대화가 필요하다.

글로벌시대인 21세기를 대비하여 우리가 무엇보다도 서둘러야 할 일은 교육환경의 재구성과 교육시설의 완비이다.

현재 우리나라의 학교 건물은 대부분 그 외양과 내부 구조를 볼 때 외부의 변화에 뒤쳐지고 있다. 학교 시설과 환경의 열악함은 학교 수준이 낮아질수록 그 도를 더해간다. 학교 진입로가 터무니없이 비좁은 학교가 있는가 하면 학교 인근에 오락실, 만화가게, 심지어는 술집과 룸살롱이 즐비한 학교도 있으며 학교 교문이 큰 차도와 직접 연결되어 있어 학생들이 교통사고를 당할 위험에 놓여 있는 학교도 적지 않다.

학교의 교실과 시설은 학교가 달성하고자 하는 다양한 교육목적에 맞도록 설계되어야 한다. 신체적, 정신적 발달 단계와 실험, 관찰, 실습, 토론, 강의 등 교육 목적과 수업, 각 과목이 지닌 고유한 특성에 알맞은 다양한 시설을 갖추는 일부터 시작하지 않으면 안 된다. 강의를 위한 교실, 토론을 위한 교실, 분반 학습을 위한 교실 등 그 목적에 따라 교실의 크기와 구조가 달라지는 것은 물론이다. 또한 학교의 학급의 시설 기준령도 바뀌어 실험실, 공작실, 수영장, 양호실, 미술실, 음악실, 컴퓨터실, 시청각실, 체육관, 휴게실, 급식 시설 등은 각 학교의 기본 시설이 되어야 한다.

또한 장애자를 위한 교육 환경을 조성해야 한다. 국가와 지방자치단체가 우선적으로 장애 유형별 특수학교를 지역별로 균형있게 배치하여 장애자의 교육 기회를 확대해야 한다. 기숙사 시설을 확충하고, 통학버스를 운영하여 장애자의 취학편의를 도모하고, 현재 전일제와 시간제로 운영되고 있는 특수학급을 자료실 운영제, 자택방문제 등 다양한 운영체제로 전환시켜 장애자에게 학습 편의를 제공해야 한다.

넷째, 우수교원의 확보에 획기적 노력이 있어야 한다.

교육의 수월성을 확보하기 위해서는 우수한 교원을 확보하는 일이 중요하다. 우수한 교원의 확보를 위해 교직 풍토의 변화가 필요하다. 교사가 존경받고 대우받는 직업이 될 때 우수한 교원은 자연스럽게 확보될 것이다.

교직 풍토가 자율적이고 독립적일 때 교사는 가르치는 일에 전념하고 만족을 느낄 것이다. 교원은 교직 활동에 있어서 자율성과 독창성을 인정받아야 한다. 특히 교사가 가르치는 일에 전념하기 위해 교원 존중, 교원 신뢰 풍토가 조성되어야 한다.

이런 풍토의 조성과 함께 우수 교원을 확보하기 위해서는 제도적 장치가 필요하다. 교원양성대학은 교원으로서 적합한 사람을 선발, 유치하기 위하여 객관적이면서도 타당한 교직 적성 검사 도구와 면접고사 평정 항목 및 기준을 개발한다. 교원 양성 대학에 대해서 국가의 최우선 지원이 요구된다. 교직의 전문성과 특수성을 고려해 보수 체계를 세우고, 근무 환경을 개선하고 교수-학습 활동의 질적 향상을 위해 교원의 과중한 수업 부담과 사무 부담을 경감시켜야 한다. 현직 교원에게 계속 학습 기회를 제공해 교원의 질을 향상 시켜야 한다.

다섯째, 비정규 교육 기회의 확대와 강화가 필요하다.

현대 사회는 과거 사회와 달리 계속적인 변화를 하는 동적인 사회이다. 변화하는 사회에 적응하기 위해서 학교 교육 이후에도 계속 교육이 필요하다. 일생의 전 시기에 걸쳐 직면하는 새로운 현실에 대처하고, 과업 수행 능력을 최고로 발휘할 수 있도록 하기 위해 교육의 기회가 일생을 두고 계속적으로 제공되어야 한다. 사회적으로 일반 대학 중심으로 편중된 대학 교육과 고등학교를 졸업하고 곧 바로 대학에 진학하지 못하면 대학 교육을 받기 어렵게 되어 있다. 이러한 경직된 제도교육 체제를 다양화 하여야 한다. 고등 교육체제의 다양화는 개인의 힘으로는 어려움이 많다.

기술 인력의 양적 확보와 계속교육 기회를 제공하기 위해 실업계 고교, 전문대학, 산업대학, 방송통신대학 등으로 이어지는 단계적 직업 교육 체계를 확립하여 다양한 계층의 수혜자가 필요한 기술을 교육받을 수 있도록 주간제, 야간제, 정시제, 전일제, 산학 순환 교육제 등을 실시토록 하여야 할 것이다.

여섯째, 올바른 교육관 정립을 위한 학부모 계몽 운동이 전개되어야 한다.

우리 학교 교육이 파행적으로 운영되는 가장 큰 원인은 학벌 위주의 기존 교육관 때문이다. 이것은 대학 입시 경쟁의 과열을 부추겨 학교 교육의 정상화를 방해한다. 이 병폐를 시정하기 위해서는 학교 교육의 변화뿐만 아니라 사회 인식의 변화가 요구된다. 일류 대학을 나오지 않고도 취업과 승진에 불이익을 당하지 않는 능력 중심 사회가 되어야 한다.

정상화된 교육을 위해서는 무엇보다도 학부모의 건전한 교육관이 요청된다. 자식의 능력과 개성을 무시한 채 맹목적으로 일류 학교를 지향하는 학부모의 무리한 교육열이 교육의 파행성을 촉진해 왔다. 학벌주의 타파와 건전한 교육관 정립을 위한 학부모 운동이 사회적으로 전개되어야 한다.

끝으로 우리 교육은 세계적 안목을 키워나가야 한다.

세계는 이제 하나의 통합된 지구촌으로써 인류 공영의 가치와 평가를 유도할 뿐 국한된 어느 한 지역, 한 국가의 발전과 번영에 기대하지 않으며 의지하지 않게 될 것이다. 다시 말해서 앞으로의 인류는 지구에서 인류를 보존키 위한 근본적인 세계 공동의 가치 체계를 설정하고 건립하게 될 것이며, 그러한 가치에 부응하는 노력에 대한 평가 또한 단호하고도 엄중하게 이루어지게 될 것이다. 예를 들어 환경오염에서 오는 지구의 악순환과 물질 존중, 도덕적 소양의 결핍 등 가치 체계의 혼란에서 오는 사회 병폐 현상 등을 이제는 세계의 통합된 윤리가 간과하지 않게 될 것이다.

우리의 교육은 현실의 왜곡된 현상들을 잘 파악하고 분석하여 앞으로 맞이하게 될 미래 사회에 대하여 보다 확대된 눈으로 통찰, 관망하여 21세기를 향한 미래의 한국교육을 계획하고 건설함에 국민 하나 하나가 세계사에서 인류 공동의 삶을 주도해 나갈 수 있는 건강하고, 건실하며, 창의적인 선진 인간이 되도록 노력해야 할 것이다.

2부
정직한 사람을 만드는 교육

사랑을 나누는 자리가 되길

———

월드컵 개막을 앞두고 미래의 주인공인 청소년 여러분들이 풋살 축구대회를 갖게 된 것을 진심으로 축하드립니다.

대전 YMCA와 대전기독교 종합사회복지관이 청소년 문화의 바탕이며 체력단련의 장인이 대회를 공동으로 개최해 주신데 대해 심심한 경의와 축하의 인사를 드리게 된 것을 매우 기쁘게 생각합니다.

오늘 이 축구대회는 성실하게 학업에 임하던 청소년 여러분들이 틈틈이 연마한 축구실력을 마음껏 펼칠 수 있는 좋은 기회이며, 또한 공부에 쫓기느라 친구들과 나누지 못한 우정을 마음껏 나누고 젊음의 열정을 발현하는 기회라고 생각합니다.

앞으로 우리나라에서 세계인이 지켜보는 가운데 월드컵이 개최됩니다. 어쩌면 우리 일생에 단 한 번 밖에 없는 이 뜻깊은 행사를 온 국민이 하나되어 잘 치러야 할 것이며, 오늘 대회에 참가하거나 준비하신 모든 분들이 바로 이 월드컵 대회를 성공으로 이끌어 가는 주인공이라고 생각합니다.

오늘 대회에 참가한 청소년 여러분!

축구를 사랑하는 여러분들이 가꿔갈 미래에는 생활체육이 우리들의 생활 속에 깊숙이 자리잡을 것이라고 확신하며 국민의 건강과 체력증진에 크게 기여할 것으로 믿습니다. 건강한 몸이 있어야 여러분이 추구하는 모든 이상과 정신을 실현할 수 있습니다. 오늘의 축구대회는 승패를 초월하여 우리 모두의 화합과 축복의 자리가 되어 주길 기원합니다.

마지막으로 오늘 이 대회가 이루어질 수 있도록 해 주신 대전 YMCA 신청 이사장님과 대전 기독교 종합사회복지관 김군식 운영위원장님을 비롯한 관계자 여러분들의 노고를 치하 드리며 축사에 갈음합니다. 감사합니다.   (2002. 5. 11)

효가 삶의 근본입니다

———

　존경하는 할머니, 할아버지, 어르신 여러분! 그리고 자리를 함께 하신 내빈 여러분! 새 천년의 한 해를 보내는 아쉬움 속에서 오늘 한국노인사랑운동본부에서 무의탁 노인 돕기 기념으로 마련한 제6회 노인사랑 큰 잔치가 열리게 된 것을 진심으로 축하드립니다. 아울러 노인복지 증진과 경로 효친에 앞장 서 오신 양태창 본부장님을 비롯한 회원 여러분들의 노고에 깊은 감사와 치하의 말씀을 드립니다.

　인간은 연륜이 더해감에 따라 언젠가는 노인이 됩니다. 우리나라 노인분들은 대부분 청, 장년기에 자기 자신을 위한 모든 것을 희생하고 국가와 가정을 위해 몸바쳐 봉사하신 분들입니다. 이를 위해서는 자신은 물론 가정과 사회에서 노인분에 대한 의식의 전환이 필요하다고 생각합니다.

예로부터 우리 선조들은 효를 근본으로 하는 경로효친 사상을 도덕적 행동규범으로 삼아 실천하였으며, 전통적 미풍양속으로 가정과 사회 속에 깊숙이 뿌리를 내려 민족고유의 정신적인 문화유산으로 계승되어 왔습니다, 그러나 물질 만능의 풍토와 외래 문화의 홍수 속에서 우리 고유의 아름다운 미풍양속은 점차 퇴색되고 있으며, 감각적이고 즉흥적인 문화에 길들여진 오늘날의 청소년들에게 전통적인 윤리도덕이 해 묵은 것으로 치부되고 있는 것은 매우 안타까운 일입니다.

　이러한 현실은 숨가쁘게 진행된 경제성장 과정에서 오늘에 걸맞는 가치관을 가꾸어오지 못했던 우리 모두의 책임으로써 지금부터라도 모두가 나서서 도덕성을 회복하고, 효문화 정착을 통해 인간 본연의 향기를 느낄 수 있는 건강한 노인사랑을 위해 노력해야 될 때라고 생각합니다.

　이것이 또한 우리가 직면하고 있는 청소년 문제해결의 실마리가 된다고 생각합니다. 이런 의미에서 한국노인사랑운동본부가 노인의 달을 맞이하여 매년 실시하고 있는 노인사랑 큰잔치는 우리들 마음속에 경로효친 정신을 새롭게 일깨우며 훈훈하고 따스한 온정이 넘치는, 쾌적한 삶의 공간을 만들어 가는데 더없이 소중한 힘이 될 것입니다. 앞으로 대전대학교는 고령화 사회에 걸맞는 다양한 프로그램을 개발하여 지역사회에 적극 참여하여 노인복지의 활성화 방안에 앞장서겠습니다. 감사합니다.　(2001. 10. 31)

신뢰와 인간성 회복을 위해

———

4월 하면 여러 가지 생각이 날 것입니다. 특히 우리나라 정치사에 큰 획을 그은 4·19가 우리 기억에 떠오릅니다. 한편 건국 초기에 식목일을 공휴일로 제정했습니다만 공휴일이 아니라 식목일이므로 모두가 나무를 심고 가꾸는 그런 날로 삼아야 하겠습니다. 우리 학교에서는 토요일에 여러분들이 땀 흘려서 교내에 나무를 심으신 것으로 알고 있는데, 내일을 공휴일로 생각지 마시고, 각자 울안이 됐든, 이웃이 됐든, 식목일의 뜻을 기리는 행사를 각자 자율적으로 하여 주시면 고맙겠습니다.

앞으로 두 달 후에는 전국에서 지방자치제 선거가 시작됩니다. 이번 선거는 우리나라가 그 동안 땀흘려 이루어 놓은 경제 성장을 바탕으로 해서, 진짜 풀뿌리 민주주의, 그 동안 중앙에 모든 것을 의지하던 수동적인 자세에서 각 지역민들이 주인이 되는 주민 자치의 행정 체제로 크게 변하게 됩니다. 사상 유래없이 큰 이번 지방 선거의 성패 여부에 따라 우리나라가 정말 선진국으로 발돋움하느냐, 그렇지 않으면 여기서 혼란과 후퇴에 빠지고 마느냐 하는 기로에 서게 될 것 같아 신중한 판단이 요구됩니다.

한편 전국이 선거에 초미의 관심을 기울이는 지금과 같은 때에는 행정 공백이 생기기 쉽습니다. 이럴 때 국가나 사회에 안정된 기틀을 잡아 줄 사람은 두 말할 것 없이 우리 공직자이고 시민들이라고 생각이 됩니다. 특히 교육업무에 종사하는 우리들은 가르치는 자리에 있던, 행정을 맡았던 간에 모두가 다 중심을 잡고 정말 안정된 가운데 올바른 방향으로 이 사회를 이끌 수 있도록 정신적으로나 행동면에서 모범을 보여야 할 때라는 생각이 듭니다.

사회 각 계층 각 분야에서 많은 개혁의 돌풍이 일어나고 있고 우리 대학사회에도, 그리고 교육에도 많은 개혁의 물결들이 거세게 몰려오고 있습니다만, 개혁이라고 하는 것은 기존의 것을 그냥 덮어 놓고 뒤집는 것이 아닙니다. 우리가 우리 마음 속에서 정상적이 아니었던 것을 하나하나 털어내는 그 자체가 개혁인 것입니다. 그리고 지금까지 정정당당히 정도를 걸어온 사람에게 있어서 개혁이라고 하는 것은 더욱 자기가 걸어온 바른 길을 꿋꿋이 가게 하는 것입니다.

우리 공직 사회는 아직도 일반 시민들로부터 신뢰를 받지 못하는 면이 많이 있습니다. 다시 신뢰를 회복하도록 각자 노력을 해야겠고,

특히 교육에 있어서는 정말 우리가 2세 교육을 위해서 있는 힘을 다하고 있는지, 특히 우리가 국가의 미래를 위해 노력하고 있는지 항상 반성해야 하겠습니다. 공직 사회가 국민의 신뢰를 얻도록 우리는 우리대로 노력하는 한편, 정부의 정책적인 뒷받침도 필요하기에 우리는 그 정책을 수립하는 데 밑거름이 되어야 됩니다. 이것이 우리 대학이 해야 할 일이라고 생각합니다.

최근에 일본의 오옴교 사건을 보고 토플러가 말한 "제3의 물결 시대에 하나의 반문명적인 세력의 출현"을 생각했습니다. 인간을 다루는 우리 교육계에서는 그런 반작용을 예방하기 위해 지나친 물질적 풍요를 추구하기 보다는 '따뜻한 마음'을 회복하는 데 노력해야 하겠습니다.

도덕적 성숙으로 희망 찾자

―――

　새해를 맞게 되면 지각 있는 사람이면 누구나 지난해를 되돌아보고 그것을 기초로 하여 새해를 위한 설계를 한다. 그리고 새로운 의욕과 열의로 그 계획을 수행할 것을 다짐하게 된다. 우리에게 새해의 의의가 바로 여기에 있다.

　2005년 을유년 새해는 우리민족에게는 참으로 뜻 깊은 해이다. 35년 간의 그 혹독한 일제 식민지 통치에서 나라를 되찾은 지 갑년이 되는 해이기 때문이다. 나라를 뺏겼을 뿐만 아니라 우리말도 뺏기고 성씨까지 뺏겨야 했던 그 일본 통치가 막을 내린지 60년이 되었다.

　오랫동안 고생한 끝에 맞은 해방의 기쁨은 잠깐이고 미ㆍ소 외세의 결정으로 국토가 남과 북으로 분단되고 반만년을 자랑하는 단일민족이 동서 이념 대결의 격투장으로 변하여 일제의 35년보다 더 긴 60년이라는 세월을 분단의 고통에서 벗어나지 못하고 오늘에 이르렀다.

물론 우리나라의 분단과 민족의 분열은 우리가 스스로 택한 것이 아니지만 참으로 부끄럽고 통탄할 일이 아닐 수 없다. 동서 이데올로기 대립이 우리나라에는 남과 북으로 축소되어 동족상잔의 전쟁이라고 하는 불행한 역사를 경험하기도 하였다. 전쟁은 중지 되었지만 남과 북은 오랜 갈등이 지속되었고 최근에 정부와 민간차원의 교류가 제한 적으로 이루어지고 있지만 우리 사회 안에서 그리고 우리의 마음속에서 갈등은 계속되고 있다.

계층과 계층사이에서, 세대와 세대 사이에서, 지역과 지역 사이에서 그리고 현실에서의 적응과 이상의 추구사이에서 일어나는 모든 갈등에 이데올로기 대립이 반영되고 있다. 따라서 해방 60년을 맞는 우리에게 이러한 갈등과 대립을 성공적으로 극복하는 것이 남북 대립을 지양하고 조국통일을 달성하기 위한 선결과제이다. 또 한편으로는 남남 갈등도 남북갈등 못지않게 우리가 극복해야 할 과제이다.

지난 60년간의 남북사이의 체제경쟁은 우리체제가 더 잘 살 수 있다는 것을 입증하여 주었다. 그러나 우리는 경제전쟁의 승리로 만족할 것이 아니다. 소비상품을 생산하고 국제시장에 진출을 잘하는 것만으로 체제의 우월성이 입증되었다고 자만하기에는 불충분하다. 인간적인 삶을 성실하게 살아갈 수 있는 사회를 만드는 것이 중요하다. 산업화 진전만이 인간의 삶의 질을 보장하는 것이 아니라 윤리적인 생활환경이 함께 따라가야 한다.

지금까지의 우리 산업화의 열매가 우리의 생활을 물질적으로 편리하고 풍요롭게 하는데 기여 했지만 인간적으로나 도덕적으로 삶의 질을 높이는 데는 소홀했다. 물질적 풍요가 오히려 우리의 전통 미풍인 도덕적이며 정신적인 가치를 파괴하고 있다.

근면 대신 향락이, 질서대신 방종이, 절약대신 소비가 그리고 인격대신 황금이 우리의 삶을 지배하게 된다면 우리의 물질적 풍요가 우리에게 행복을 가져다주었다고 말 할 수 없다. 우리 산업화가 물질적인 향락이 모든 가치보다 우선하는 사회를 만들지 않았나 싶다. 그러나 아무리 물질적으로 풍요해도 도덕적으로 타락하고, 인간이 인격적으로 품위가 없어지면 그 사회는 희망이 없는 사회이다.

우리는 올바른 교육과 의식 개혁을 통해서 도덕적 선진화를 달성하여야 한다. 2005년 새해를 맞이하여 일제로부터의 해방을 맞이했던 굶주리고 헐벗었던 60년 전의 을유년을 회상하면서, 오늘의 물질적 풍요를 이룬데 감사하고 자부심을 가져야 한다. 새해에는 그 동안의 반목과 불신을 관용과 나눔과 봉사정신으로 도덕적 선진화를 통하여 분단도 극복하고 정신적 갈등도 극복하여 한민족의 화합과 번영의 기틀을 마련하여 을유년의 해방과 기쁨을 되찾아야하겠다.

바람직한 인간상 구현

———

신극범 대전대학교 제4대 총장은 대전의 본 명예를 지키는 대학으로 성장시켜 나가겠다고 밝혔다. 지난 2월 28일 취임한 신 총장은 '전인적인 조화를 이루는 인재 양성', '주체성을 지닌 개방적 인재 양성' '창조적 인재 양성' 등을 교육의 가치로 제시하고, 자연환경을 그대로 살려 환경 친화적인 캠퍼스를 구성하겠다고 강조했다.

1. 취임소감은?

중부권의 명문사학으로 장족의 발전을 이룩한 대전대학의 총장으로 부임한 것을 기쁘게 생각하며 어려서 자란 고향에 돌아와 고향의 훌륭한 인재를 양성할 책무를 맡아 두 어깨가 무겁기도 하지만 보람스럽게 생각합니다. 나를 초청해준 혜화학원과 대전대학교 전 가족에게 감사함을 느낍니다. 대전대학의 제2도약을 위해 최선을 다하겠습니다.

2. 중부권 명문대학으로 발전하기 위한 역점 추진 방향은?

대전대학이 가지고 있는 역량을 총집결하여 특성화, 차별화를 통해 국가사회가 필요로 하는 정직하고 유능한 인재를 길러 명문대학으로 발전시킬 것입니다.

미래지향적이고 창의적인 인재육성에 힘을 기울이고 경쟁력 있는 전문인으로서의 능력을 갖춘 세계인 육성에 역점을 두겠습니다. 아울러 높은 도덕성과 봉사정신이 투철한 지도자가 되도록 지식과 첨단기술 뿐만 아니라 인성교육에도 힘을 기울여 어디에서나 모두에게 필요하고 환영받는 대전대인을 만들 계획입니다.

교육이 수월성을 확보하기 위해 우수교수를 초빙하고 금년내 학생복지문화관과 제2기숙사 그리고 둔산캠퍼스를 착공할 것입니다.

3. 21세기 Vision을 위해 구체적인 운영계획은?

대전대학교는 그동안 다져온 창조적 도전정신으로 21세기를 열어가고자 합니다. 대전대학교는 21세기 명문대학으로 도약하기 위해 국제화와 정보화, 효율화, 지역사회 봉사 등 모든면에서 앞서가는 대학으로 도약할 것입니다.

21세기 무한경쟁시대에 대비하여 대학교육의 수월성을 높이고 경영의 효율성과 책무성도 강화해 나가겠습니다. 그리고 대학간에 협동성과 자율성의 신장에도 노력할 것입니다.

4.정보화사회와 국제화에 부응키 위한 인재 양성 방안은?

대전대학교는 전국 최초로 지난 1996년 인트라넷 시스템을 구축하고 교수, 학생은 물론 전구성원에게 ID를 부여했으며 첨단 멀티미디어실을 설치, 정보화교육을 강화해 왔습니다.

그리고 세계화시대에 발 맞추어 첨단멀티미디어시설, 어학실습실 시설의 확충, 1인 1외국어교육과정을 운영하고 원어민교수에 의한 외국어교육을 실시하여 학생들의 외국어 능력을 키우고 있습니다. 그리고 해외 자매대학교와 활발한 학생교류를 통해 국제화 세계화에 부응하는 인재양성프로그램을 강조하고 있습니다.

세계 9개국 24개 대학교와 자매학술교류협정을 체결하고 교수학생교류와 학점교류를 하고 있으며 매년 100여명의 학생을 해외대학에 파견해 국제적 안목을 넓히고 있습니다.

앞으로 기숙사 시설을 확충해 외국학생의 유치에도 힘을 기울일 예정입니다.

5.현재 구상하고 계신 대전대학교만의 특성화 전략은?

대전대학교는 체육대를 제외하고 전국대학 중 유일하게 올림픽 금메달리스트인 김영호 선수를 배출한 대학입니다.

획일적인 구호와 개혁보다는 대전대학교만이 할 수 있는 경쟁력 있는 분야를 육성할 것입니다.

첫째로 전국 최고의 수준을 자랑하고 있는 한의학과와 한방병원을 특성화시켜 환경교육과 인간중심의 교육을 강화하여 생명을 존중하는 대학으로 만들고자 합니다.

둘째로 세계화 정보화 지식기반사회에 필요한 인재를 양성하는 실질 추구의 대학으로 육성코자 합니다. 이를 위해 외국어구사능력, 정보활용능력, 실기와 실무교육을 강화하겠습니다.

셋째로, 지역친화적 대학으로 육성코자 합니다. 대전대학교의 발전이 대전의 발전을 가져오고 대전의 발전이 대전대학교의 발전에 기여할 수 있다는 생각으로 지역과의 유대를 강화하고 지역봉사를 활성화하고 산학, 관학, 연구기관과 대학의 유대를 강화하여 대전대학의 교육열을 높일 것이며 지역에 필요한 인재육성에 힘쓰겠습니다.

6. 한의과대학의 육성계획은?

대전대학이 한의학과가 중심이 되어 발전하였다고 볼 수 있습니다. 지금까지 15회에 걸쳐 1천여명의 한의사를 배출하여 전국 각지에서 국민 보건 향상에 공헌하고 있습니다. 우선 한의과대학내에 동서 생명과학연구소를 활성화하여 한의학의 세계화에 박차를 가할 것입니다. 그리고 한의학과 정보통신기술을 접목시켜 한방의료장비 개발을 위한 연구도 추진하여 한방의학의 세계화에 기여하고자 합니다.

또한 부속병원도 크게 확장하여 연구와 의료서비스를 강화하겠습니다. 둔산지구에 제2캠퍼스를 마련, 부속한방병원을 신축하고 천안부속병원도 이미 부지를 확보하고 새병원건물설계를 하고 있습니다.

내년 월드컵지원병원으로 한방병원이 참여했으면 했는데 한방은 제외되었다고 들어 유감스럽습니다.

7. 졸업생들의 진로문제 해결을 위한 추진방안은?

신입생 모집 못지 않게 졸업생의 취업 문제에 대해 고민할 것입니다. 취업정보실의 기능을 강화하여 진로지원시스템을 구축하여 전국적 정보망을 활용하고 취업경쟁력을 갖출 수 있도록 어학, 컴퓨터 강좌, 취업정보강화 및 각종 취업시설에도 철저히 대비케 할 것입니다.

산학협력을 통하여 교육내용을 기업이 원하는 맞춤형 인재육성에도 힘을 기울일 것입니다. 이를 위하여 취업담당부서뿐만 아니라 모든 전공분야의 교수들이 자기학부졸업생의 취업에 관심과 지원을 함께 하도록 할 방침입니다.

8. 21세기 대전대학교의 역할 및 지역민과의 유대강화를 위한 구상이 있다면?

세계 유명한 많은 대학들은 그 지역명을 대학명으로 하고 있습니다. 하버드도 그렇고 옥스퍼드나 캠브리지도 그렇습니다. 대전대학교의 발전은 대전의 명예를 높이는 일과 직결된다고 생각합니다.

대전대학교는 중부권의 핵심도시인 대전의 발전을 위해 지역내의 여러 연구소와 인재교류를 강화하고 연구결과를 지역 사회에 환원한다는 취지로 모든 분야에 봉사활동도 강력히 추진하겠습니다.

지역주민에 가능한 한 대전대학교의 여러 시설을 개방하고 각종 평생학습프로그램을 운영하여 지역주변 직장인의 전문적 교양적 지식함양에도 기여토록 하겠습니다. 특히 행정, 경영, 산업정보, 교육, 스포츠 등 특수대학원 프로그램을 통해 산, 학, 관, 군 협력체제도 구축하겠습니다.

9. 평소 갖고 계신 교육철학은?

인간은 교육을 통하여 사람이 된다고 합니다. 사람은 지식뿐만 아니라 올바른 가치관과 도덕적 심성을 함께 할 때 올바른 인간이 된다고 생각합니다. 대학교육도 지도자를 양성하는 교육으로서 전인교육이 되도록 하여야 합니다.

그리고 민주주의 시대의 교육은 한 사람도 버릴 사람이 없으며 모든 사람에게 그가 타고난 재질을 제대로 계발시키는 것이 교육의 책임이라고 생각합니다.

그리고 국가의 교육정책이 지나치게 경쟁을 부추기고 서열화하여 학생의 열등의식을 조장해서는 안된다고 봅니다. 모든 국민이 어느 학교를 나오나 자기가 졸업한 학교가 최고라는 애교심을 갖도록 교육정책을 펼쳐야 한다고 생각합니다.

입신출세라는 과거 봉건적 교육관에서 남을 위해 봉사하고 개개인의 개성을 최대로 살려서 창조적 능력을 발휘케 하는 것이 민주주의 시대의 교육의 목적임을 명심하여야 한다고 생각합니다. 교육은 사랑과 신뢰와 인내정신을 가지고 운영되어야 성공할 수 있다고 믿습니다.

균형적 발전과 균형적 교육

인간이 소유하는 모든 재화는 유형적인 것과 무형적인 것이 있다. 돈, 상품, 기계, 공장, 건물이나 토지 등 가시적인 유형적인 재산이 있는 반면 학식이나 기술, 예술과 같은 눈에 보이지 않는 무형의 경제적 가치가 있다. 무형적인 인간지식이나 기술·예술 등은 오직 교육에 의해서만 가능하다.

인력형성이 곧 나라발전

모든 인간은 한 인간으로 존중받아야 하고 만민은 그 존귀함에 있어 평등하다. 그러나 한 인간이 어떤 일을 해낼 수 있느냐는 사람마다 차이가 있고 능력 면에서 모두가 동등할 수는 없다. 그 차이는 교육의 결과가 좌우한다. 사람마다 교육을 통해서 능력을 증대시킬 수 있으며 이것을 인력이라고 한다. 사회적으로 인력의 양과 질의 증대와 다양화를 추구하는 것이다. 나라발전이란 관점에서 볼 때 교육을 통한 인력의 형성 및 인간 자본의 형성이 곧바로 나라의 경제발전에 크게 기여하고 있음을 쉽게 이해할 수 있다.

자녀 교육에 대한 학부모의 관심은 물론 국가의 책무는 막중하다.

부모가 해야 할 역할 중 가장 중요한 일은 자녀교육에 대한 책무성을 다하는 일이다. 자녀의 소질과 능력을 고려하여 자녀로 하여금 바람직한 성장을 할 수 있도록 가능한 한 최대의 교육비를 투자하는 일이다. 국민의 능력이 최대로 개발되고 사회발전에 기여할 수 있는 교육제도를 만들고 지원하는 일이 국가의 의무이다.

여러 가지 투자 중 교육에 대한 투자야말로 그 어떤 투자보다 개인과 사회에 값진 투자인 것이다.

경제적 동물인 인간은 평생을 통해 여러 가지 투자를 한다. 생산에 대한 투자, 부동산에 대한 투자, 증권에 대한 투자 등 투자의 형태가 여러 가지가 있다. 그 중의 하나가 교육에 대한 투자다. 자녀들에게 재산을 물려주기보다는 자녀에 교육비를 투자하는 것이 가장 확실한 투자라고 말할 수 있다. 나라의 발전을 위해 교육에 투자를 하는 것은 교육발전의 결과가 경제발전을 가져오기 때문이다.

교육의 궁극적 목적은 인간에게 내재하고 있는 인간의 정체성을 높이는데 있으나 교육이 지니고 있는 수단적 가치를 생각한다면 교육은 사회발전과 국가발전을 위해서 불가결한 요소이다. 인간이 세상에 태어날 때 무력한 존재로 태어나지만 인간답게 성장할 수 있는 무한한 가능성을 가지고 태어나는 고귀한 존재이다. 여기에 교육의 중요성이 있다. 만일 인간이 태어난 대로 방치되어 아무런 교육도 받지 않고 자란다면 인간으로서의 성장은 불가능하다. 그리하여 인간은 교육을 통해 인간이 된다고 한다.

일찍이 서양의 철학자 플라톤은 "사람은 바른교육을 하면 만물 중에서도 가장 온순하고 신성한 동물이 될 것이나 만일 교육을 시키지 않고 방치하거나 또는 그릇된 교육을 시킨다면 세상에서 가장 다루기 어려운 동물이 될 것이다"라고 하였다.

교육투자 효율성 생각해야

교육은 생활에 필요한 지식과 기능, 가치 등을 습득케 해 개인적으로 행복한 인간이 되고 사회적으로도 유용한 인간을 형성시키는 일이다. 개인은 교육받은 만큼의 능력을 지니며, 교육받은 인간이 많으면 많을수록 그 사회는 발전한다고 볼 수 있다.

여기서 우리가 명심해야 할 것은 올바른 인간이 되기 위해서는 올바른 교육을 받아야 한다는 사실이다. 오늘날의 교육은 양적으로 크게 성장했다. 학부모의 교육열 또한 대단하다.

그러나 우리는 오늘의 우리 교육이 그릇된 교육이 되지 않고 올바른 교육이 되도록 해 교육투자의 효율성을 생각할 때가 아닌가 싶다.

함께 사는 길

전통적으로 우리 문화는 서구 사회와는 달리 개체 의식 보다도 공동체의식이 강한 문화이다. 서구 사람들이 자기 가정을 표현할 때 '마이홈' 하지만 우리말로는 나의 집보다는 '우리 집' 해야 감정이 통한다. 더욱이 자기 아내를 가리킬 때에도 '우리 마누라' 라고 쓰는 것이 더 보편화되어 있고 한국적 표현같다. '나' 보다는 '우리'하는 것이 더 다정하고 너와 나의 공동체 의식을 느끼게 해 준다.

요사이 젊은이의 세계에서는 많이 달라졌지만 전통적으로 집안 가족 간에나 친한 친구 사이에 네 것, 내 것의 구분이 거의 없었다. 이것은 대가족 제도에서 같은 방 내에 한 이불을 덮고 자란 탓인지도 모른다. 잘 사는 형이 못사는 동생을 도와주지 않으면 주위의 지탄을 받는다. 뿐만 아니라 친구끼리 식사를 같이 하자고 초청하면 으레 초청한 사람이 식대를 낸다. 서양에서 흔히 보는 더치페이(각자 부담)는 우리 문화에 비추어 볼 때 아주 비인간적인 것 같이 보인다.

우리 사회에는 서양의 합리주의 기준에서 보면 많은 모순이 발견된다. 때로는 이것이 갈등 현상으로 나타나 지나치게 자학적인 비판을 하기도 한다. 그러나 우리가 전통적으로 지녀온 공동체 문화에 바탕하여 오늘의 우리 사회가 유지 발전되는 것이다. 박봉에 나라 살림을 지켜온 공무원이나 교단을 이끌어온 학교 교원들도 이런 문화의 덕분에 명맥을 유지해왔다고 볼 수 있지 않나 싶다.

일찍부터 인간이 사회적 존재로서 홀로 존재하지 않음을 깨달은 것이다. 본래 '나'라고 하는 것은 우리의 일부일 뿐만 아니라 우리가 나의 필연적 구성 요소로서 개인과 사회는 떼어서 생각할 수 없음을 의미한다. 한 인간인 나는 항상 그와 연결되고 너를 필요로 하기 때문에 사람을 한자로 '人間'이라 표현한다고 볼 수 있다.

요사이 과학 기술 문명의 급격한 발달로 우리 사회가 빠른 속도로 산업사회화 됨으로써 기계 문명에 압도되어 사회 도처에 나타나는 많은 갈등과 비인간화 현상을 걱정하는 소리가 높다. '사람이면 다 사람인가 사람다워야 사람이지'란 옛말이 있다. 이것은 인간이란 몸만 사람으로 태어났다고 하여 사람이 되는 것이 아니고 '사람다움'이 있어야 진짜 사람이라는 것이다. 사람다움은 사람의 모습보다도 그의 심성과 행동에 의해 평가되는 것이다.

최근 신문의 사회면을 보면 사람이면서 사람이 아닌 사람의 수가 증가되는 것을 볼 수 있다. 많은 국민들은 교육이 잘못되었다고 규탄한다. 사람을 사람답게 만드는 과업이 교육이기 때문이다. 역사적으로 사회 개혁을 추진하는 데 있어서 교육 문제에 초점을 두어 노력하였다. 최근에도 우리는 '인간 개조다, 국민 정신 교육이다' 하여 교육 운동을 전개한 바 있다.

다행스럽게도 우리 국민은 세계 어느 나라 국민보다도 높은 교육열을 가지고 있다. 정말 이것은 황금으로도 살 수 없는 민족의 저력인 것이다. 이러한 국민적 저력이 없었다면 문제가 많기도 하지만 세계가 부러워하는 오늘의 한국을 이룩하지 못하였을 것이다.

그러나 고도로 산업 사회 과정을 거치고 있는 우리는 새로운 교육의 좌표를 찾지 않으면 밝은 21세기를 기약하기 힘들 것이다. 오늘의 교육열은 입시경쟁을 위주로 하는 정열이지 사람됨을 강조하는 인간 교육을 위한 정열이 아니다. 오늘의 교육의 정열을 무너져 가는 우리의 규범을 되찾는 교육으로 전환하여야 할 것이다.

인간은 출생과 더불어 그가 살고 있는 사회 집단의 구성원들에게 요구되는 규범을 배우게 되며 이 규범에서 이탈될 때 사람으로 대우받지 못한다. 사람답다 함은 사회 공동체 구성원으로 지켜야 할 도리인 것이다. 이 규범은 성장 과정에서 연령층에 따라 요구되는 수준이 다르다. 애들은 애들로서 어른은 어른으로서의 '다움'이 있는 것이다.

사회가 발전함에 따라 요구되는 규범이 복잡해지고 변화한다. '男女七歲不同席' 이라는 옛 규범은 산업화 이후에 여성의 사회 참여의 필요에 밀려 남녀 평등으로 변했다. 운전기사라고 깔보던 시대는 지났다. 대학의 총장이나 회사의 사장도 자가 운전이 성행하는 오늘에는 모두가 기사다. 직업의 귀천이 자연히 소멸되고 있다.

사람이 되도록 도움을 주는 과정으로서의 교육은 가정에서 시작하여 학교 교육으로 이어진다. 학교 교육에서는 규범과 더불어 사회가 필요로 하는 지식이나 기술을 익히게 한다. 멀고 긴 인류 역사상으로 보아 사람다움의 지혜는 공자와 석가, 그리고 예수그리스도와 같이 큰 스승들이 태어나 사람의 도리를 깨우쳐 주면서 활발해졌다고 볼 수 있다.

사람을 교육하는 일은 물건을 만들거나 식물을 재배하는 것과는 다르다. 만드는 사람 마음대로 되지 않는다는 말이다. 사람은 저마다 개성이라는 것이 있어서 같은 부모 밑에서 성장하여도 서로 얼굴 모양이 다르듯 성격이 다르다. 민주주의 이념에 입각한 교육은 학생 개개인이 독자적으로 가지고 있는 특성을 존중하여야 한다. 물건을 만들 때는 물건을 만드는 이가 주인이지만 사람을 교육함에 있어서는 교사는 학생의 성장을 도와 주는 조력자이고 그의 인격을 존중하여야 한다. 그러나 교육이 기르고자 하는 인간상을 사회가 규정한다. 사회를 떠나서는 인간에게 요구되는 자질이 어떤 것인지 알 수가 없는 것이다. 따라서 교육이 잘 되기 위해서는 식물이 잘 자라기 위하여 알맞는 토양이 중요하듯, 어린이의 타고난 소질을 발판으로 하여 사회가 기대하는 자질이 길러지도록 사회 환경이나 교육 환경이 마련되어야 한다.

어린이가 교육되는 환경은 인간이 세상에 태어나서부터 사회화 과정을 거쳐 이루어진다고 볼 때 가정 환경부터 시작하여 성장하는 동안 거쳐야 하는 학교 환경, 그리고 그가 생활하여야 하는 사회 환경 모두가 교육적으로 큰 의미를 갖는다. 어린이들이 성장 과정을 통하여 가정, 학교, 사회에서 보고 듣고 경험하는 모든 것이 교육 환경인 것이다. 어린이는 어른의 거울이라는 말이 있다. 이것은 어린이의 행동은 어른의 행동을 보고 따라가기 때문이다. 교육에 관심있는 어른들은 몸소 어린이에게 규범에 어긋나는 행동을 감추느라 신경을 쓴다. "애들이 볼까 무섭다"고 걱정하면서 행동을 삼가하는 예도 흔히 경험한다.

더욱이 우리가 바른 교육을 위하여 명심할 것이 있다. 그것은 어린이의 성격은 대부분 어린 시절에 형성되고 한 번 형성된 성격은 고치기 힘들다는 사실로써, 심리학자의 연구 이전에 이미 '세 살 버릇이 여든까지 간다'는 옛말에 잘 나타나 있다. 우리는 어린이의 버릇, 즉 사회에 요구되는 규범이 제대로 형성되도록 하는 데 소홀했던 우리 교육 환경을 반성할 필요가 있다. 교육 환경의 중요성에 대해서는 일찍이 맹자의 어머니가 아들의 교육을 위하여 세 번이나 이사한 끝에 글소리가 들리는 곳을 찾아 살았다는 '孟母三遷'의 이야기에서 잘 알려져 있다.

가정 환경에 있어서도 여성의 사회 진출의 증가나 핵가족화 등으로 많은 변화가 일고 있음을 볼 수 있다. 산업화로 인한 직업의 다양화로 인간적 접촉이 줄어들고 더욱이 주거 환경의 변화는 어린이의 성격 형성에 문제를 더해 주고 있다는 지적이다. 도시화로 인한 생태적 환경의 변화는 어린이의 교육에 유해한 많은 요인들을 포함하고 있다. 도처에 술집, 유흥업소, 향락업소가 주택과 이웃하고 있고, 한 건물안에 술집, 다방, 교회가 수용되어 있는 것도 흔히 본다. 보도에 의하면 고층 아파트 지역 거주 아동의 성격이 아주 염려스러울 정도로 비뚤어져 가고 있다고 한다. 이들 어린이들에게 나타난 성격은 '쉽게 화를 내고, 쉽게 피로를 느끼며, 자연에 대한 무감각이 현저하고, 감정이 없고, 집중력이 부족하고, 공격성이 강하고, 자신감이 부족하고, 의존심이 높고, 우울증이 심하다고 지적하고 있다.

가정에서의 자녀에 대한 부모의 무관심이나 방심, 그리고 과잉 보호 등도 주거 환경 못지 않게 중요하다. 그리고 지나치게 출세주의 철학에 사로잡혀 자녀의 인격 형성이나 사람됨보다도 입시 경쟁에 이기기만 기대하는 점수 위주의 풍토도 문제가 아닐 수 없다. 대학이 이렇게 많은 데도 입시 지옥으로부터 고등 학생을 구출 못하는 것은 부끄러운 현상이다. 그것은 두 말할 것도 없이 교육 체제 운영의 획일성과 지나친 중앙 통제와 교육 철학의 빈곤에서 연유된다고 볼 수 있다. 모든 수험생을 그의 개인적 능력이나 적성에 관계없이 특정 일류 대학에 진학시켜야 되는 것같이 단세포적으로 운영되는 데 문제가 있다. 그 동안 독창성, 창의성이 가장 요구되는 대학 교육은 4지선다형 객관식 일변도의 입시 제도로 대학들을 서열화만 재촉했을 뿐 능력에 관계없이 재수만 좋으면 누구나 합격할 수 있다는 요행 심리만 길러 주었다.

우리의 학교 환경을 살펴보면 비교육적 현상은 더욱 두드러진다. 국민학교도 그렇지만 개성을 살릴 수 있는 학교 체제의 내부적 준비

없이 중학교 무시험제와 고등학교 평준화를 실시하며 학생만을 골고루 배치한 꼴이다. 이것은 마치 다양한 처방을 준비하지 않은 채 여러 가지 병을 앓는 환자를 모든 병원에 골고루 배급, 입원시킨 것과 같다.

수십년이 지난 오늘에도 중학교나 고등학교의 내부는 똑같은 교육 과정에 획일적 운영 체제를 세계에서 학급당 인원이 가장 많은 학급 조직으로 운영하게 하고 있다. 이러한 학교 체제에서 학생들의 교육 효과를 기대할 수 없고, 또 독버섯처럼 번지고 있는 과열 과외 현상이나 청소년의 교육 기피 증세를 막을 수 없는 것이다.

산업 사회의 특징은 다양성과 다원화 사회이다. 우리의 교육 체제를 다양한 목적과 다양한 소질을 가진 학생들의 교육 수요를 충족시킬 수 있도록 초등학교 부터 중등학교에 이르기까지의 교육 환경에 혁명 적 변화를 가져와야 21세기에 대응할 수 있는 사람다운 사람을 길러낼 수 있을 것이다. 기술이나 지식이 아무리 뛰어나다 하더라도 인간으로 지녀야 할 기본 가치인 규범이나 사람됨이 부족하다면 그 지식이나 기술은 우리 주위에서 흔히 보는 바와 같이 인간을 이롭게 하기보다 해롭게 할 염려가 있기 때문이다.

세계에서 가장 높은 교육열을 가지고 자녀의 교육에 헌신하는 우리 학부모와 지옥같은 교육 경쟁의 장을 참으면서 최선을 다하고 있는 우리 젊은 학생들, 그리고 열악한 교직 환경에서 교단을 지켜 오신 선생님들에 경의와 감사를 보내야 한다.

우리는 이제 교육의 목적이 경쟁에 있는 것이 아니라 사람다운 사람을 만드는 데 있음을 국민 모두가 자각하여 산업 사회에서의 인간의 비인간화를 막아 더불어 사는 지혜를 모아야 할 것이다. (1990. 5. 31)

자녀에 대한 부모의 역할

———

　대학생들의 직업 선호도에 대한 여론 조사 결과가 3월 4일자 문화일보에 실렸는데, 초 · 중등학교 교사의 희망자가 많았다는 기사를 보고, 교사 양성기관인 우리 대학의 미래도 매우 희망적이라는 생각을 했습니다.

　최근에 일어나는 공무원 비리들을 볼 때, 우리가 국가 공무원으로서 자율적이지 못하고 타율에 의해서 근무해 오지 않았나 반성하고, 이제는 스스로 우리 행동에 대해서 책임을 지는 근무 자세, 삶의 자세를 확립해야겠다는 생각을 합니다.

　6월 27일이면 지방자치제 선거에서 도지사, 군수, 시장, 그리고 도의원, 시 · 군의원까지 약 5천여명을 우리가 직접 뽑아 지방자치 시대를 열어야 할 시점에 와 있습니다. 작년에 부정 선거를 없애고 민주 발전의 초석을 만든다는 취지에서 與野가 합의하여 지방자치제 법안을 마련했습니다. 이것이 민주주의의 모범이라고 하여 대통령이 방송을 통해서 공개적으로 서명한 법안인데, 이제 와서 그 때의 합의를 팽개치고 당파의 손익만을 계산하며 지금 지방자치제법에 대한 개정안을 둘러싸고 여야가 첨예하게 대립하고 있습니다. 민주주의는 합의를 기조로 하는데 지금의 정국을 보면 너무나 교육적이지 못하다는 생각이 듭니다. 우리 교육자들은 이러한 상황에 주관없이 휩쓸릴 것이 아니라, 자기 행동에 스스로 책임진다는 생각으로 소신있게 우리의 미래를 개척할 2세 교육에 임해야 하겠습니다.

지금과 같은 변혁기일수록 우리 대학에 있는 모두는 자기 임무에 빈틈없이 임해 주시기 바랍니다. 나라 살림이나 집안 살림, 조직체 살림이 모두 같습니다. 최대한 자율적이고 합리적인 조직체를 만드는 길은 각자가 자신이 맡은 분야에서 최선을 다하는 것입니다. 세계화라고 하는 것은 누구에게도 부끄럽지 않다. 누구에게도 자신있다는 마음의 자세를 가지는 것이라고 생각합니다. 과연 우리 스스로가 이런 자신감을 가지고 있는지, 직무 수행에 있어서, 가정생활에서, 사회 생활에서 스스로 가다듬어 보고 거기에 합당하도록 최선을 다해야 하겠습니다.

매사에 이타정신으로

————

5월은 가정의 달이라고 합니다만 저는 인간의 달이라고 말하고 싶습니다. 근로자의 날, 법의 날, 어린이 날, 석가탄신일, 어버이 날, 스승의 날, 성년의 날 등 우리 인간 생활과 밀접하게 관련된 기념일이 많기 때문입니다. 가정의 달이든 인간의 달이든 그 모든 날들이, 교원대학과 교원대학에 몸담고 있는 우리에게는 중요한 의미를 갖는다고 생각합니다. 이런 날만이라도 보다 훌륭한 인간을, 훌륭한 사회를 만드는 문제에 대해 깊이 생각해 보시기 바랍니다.

지금 우리 사회는 타율적인 정치 체제에서 민주 사회로, 즉 모두가 주인이 되는 사회로 전환하려는 과도기에 있는데, 지난 1, 2년 동안 우리 사회에서 일어난 갖가지 크고 작은 사고들을 보면 걱정이 앞섭니다. 과연 우리가 민주주의의 주인이 될 수 있는 자질을 갖춘 국민인가

하는 의구심이 들 정도로 부끄러운 사고들이 많이 일어났습니다. 지난 금요일에 대구에서 일어난 가스 폭발 사고만 보더라도, 어쩔 수 없는 상황에서 일어난 일이 아니고, 아주 간단한 원칙을 지키지 않아 발생한 人災인 것입니다. 나이 어린 중·고등학생 다수가 희생되어 더욱 애석한데, 우리들의 아주 작은 부주의가 그 많은 학생을 죽게 한 것입니다. 우리가 평소에 조금만 세심히 관리하고 점검했더라면 그런 불상사는 미연에 방지할 수 있었을 것입니다.

약 6년전에 영국 대사집에서 가진 영국 여왕 탄신 기념 리셉션에서 나에게 영어를 가르친 연세대학의 언더우드 선생을 만나 담소하는 가운데, 그 분이 두 가지 지적을 했습니다. 한국 사람은 어떻게 아는 것이 그리도 많은지, 자기네들은 기계를 사면 사용서를 자세히 읽어본 후 버튼을 누르는데, 한국 사람은 기계를 사면 포장부터 뜯어서 이것 저것 무작정 눌러 본다는 것입니다. 또 하나는 책임감이 없다는 것인데, 책임감은 어떤 행동을 했을 때 상대로부터 오는 반응을 수용하는 것입니다. 예를 들어 한국 학생들은 데모하느라 공부를 안하고 시험도 못봤을 경우에도 학점을 달라고 요구하는데, 미국에서는 학생들이 데모한다고 하면, "그래 데모해라. 강의를 듣지 않으려면 듣지마라 그 대신에 학점은 안 나간다"고 하면 거기에 순응한다고 합니다. 외국인의 눈에 비친 모습들이 전적으로 옳지는 않겠지만 어느 정도는 설득력이 있는데, 이러한 것들은 덜 성숙된 문화와 생활 습성에서 나온 태도라고 생각합니다. 이러한 부정확하고 설익은 행동 양태는 빨리 고치도록 노력해야겠습니다.

마가렛트 미드라는 미국의 유명한 여성 인류학자가 아프리카에서 관찰한 바에 의하면, 어느 병사가 부족 간의 싸움에서 총을 맞고 쓰러졌는데 그 동네사람들이 그 쓰러진 사람을 보고도 그냥 돌아가더랍니다. 그래서 왜 병원에 옮기지 않느냐고 하니까, 우리 집안사람도 아니고 형제도 아닌 남이라고 하더랍니다. 그러면서 자기만 생각하고 남을 생각하지 않는 것이 미개 문화, 원시 문화의 특색중의 하나라고 예를 든 것을 보았습니다. 도덕이라는 것은 나보다 먼저 남을 생각하는 것입니다. 이러한 사고나 재해가 났을 때 우리는 이웃의 어려운 일, 힘든 일이 모두 나의 일이라는 생각을 가져야 하겠습니다.

나 스스로 남의 고통을 얼마나 같이 나누었는가? 더군다나 학교, 사회, 국가의경영 책임을 진 우리 공직자들이 얼마나 책임있게 각자 맡은 분야에서 충실하게 행동하고 있는가 하는 것을 볼 때, 반성할 바가 많습니다. 반성이 없이는 요사이 일어나고 있는 이 부끄러운 사고들을 예방할 수 없다고 생각합니다. 그리고 인간은 돈으로 환산할 수 없는 존재입니다. 어떠한 불구자라도 그 부모의 입장, 형제의 입장에서 생각을 하면 인간만큼 존귀한 것인 없고, 생명만큼 존엄한 것이 없습니다. 인간의 존엄성이 훼손될 때 우리 사회는 동물만도 못한 사회가 되고 인간 사회는 곧바로 멸망하게 될 것입니다.

가정의 달 5월을 맞아 여러분 모두 이러한 불행한 사건을 교훈삼아 각성하고, 마음속에 잘못된 것이 있으면 새로이 우리 마음을 가다듬는 그러한 한 달이 됐으면 좋겠습니다.

공직자의 신뢰 회복

인간은 생물학적으로 가장 미숙한 상태로 태어난다. 동물들은 자연이 제공해 준 모태안에서 거의 완성되어 출생하나 인간은 자연으로부터 보호된 모태로부터 출생하며 가정이라고 하는 보호된 공간에서 사회화 과정을 거쳐 그의 인간성, 지능, 소질, 행동 방식, 능력 등이 형성되는 것이다. 따라서 한 인간이 어떠한 가정에서 어떠한 부모 밑에서 성장하며 인간으로 완성되느냐가 그 사람의 됨됨을 좌우한다. 여기에서 부모의 역할의 중요성을 아무리 강조하여도 지나치지 않을 것이다.

모든 부모는 누구나 자기 자녀가 훌륭한 인간으로 자라기를 바란다. 물론 가정에서 유아기를 거쳐 학교 교육을 받고 문화적·사회적인 영향을 받아 성인으로 성장하지만 인간성의 기본 구조는 어려서 가정 교육을 통하여 이루어진다는 사실을 명심하여야 한다. "세 살 버릇이 여든까지 간다"는 속담이 이를 증명하고 있다. 훌륭한 자녀를 기대하는 부모는 그 아이의 잉태기부터 얼마나 노력하여야 하는가를 율곡의 어머니 신사임당의 태교에 관한 말에서 잘 알 수 있다. 즉 임신한 부인은 잠자는 일, 먹는 일, 앉는 일, 서는 일, 보는 일, 듣는 일, 말하고 행동하는 일이 모두 다 하나같이 올바라야만 자식을 낳으면 그 형체나 용모가 단정하고 재주가 남보다 뛰어나게 된다고 하였다.

서양의 한 시인은 "어머니의 마음은 자식의 공부방이다"라고 하였다. 또 유태인의 격언에 "신은 도처에 가 있을 수가 없기 때문에 어머니를 만들었다"고 까지 일컬어 어머니를 신격화하고 있다. 어머니의 품 안에서 유아는 원초적인 신뢰감을 얻게 된다. 어머니의 품을 빼앗긴 유아는 신뢰할 수 있는 능력을 얻지 못하고 불신감이 조장되기 쉽고, 뿐만 아니라 무력감이나 허무감마저 조성된다. 이런 원초적 신뢰감이 없으면 공동체 의식이나 행동 의식도 자라날 수 없다. 신뢰감을 통한 어머니와의 상호 행동 즉, 웃음과 표정과 동작의 교환을 통해서 타인의 행동의 규칙성을 신뢰할 수 있는 사회적 안정감이 나타난다. 건전한 사회 생활은 이러한 신뢰의 기반 위에서 이루어지고 발전되는 것이다.

인간이 한 번 경험한 사실은 앞으로도 그러하리라고 믿는다. 그리하며 지능 발달의 기반이 되는 것이다. 아버지와 어머니, 그리고 어린이 삼자간의 상호행동의 형태에 따라서 법과 질서의 표상은 어린이의 인간성의 기본 구조속에 터잡을 수 있다고 심리학자들은 보고 있다. 자존심이나 자립심도 이 때 길러지고 잘못하면 회의감이나 수치감, 그리고 강박감도 얻게 된다.

심리학자 프로이드는 모든 인간은 본능적 욕구와 문화적 욕구 사이에 일어나는 갈등속에 존재한다고 보고 세 가지의 기관을 통하여 작용한다고 분석하였다.

첫째는, 무의식적 기관인 타아로서 욕망을 지향하는 본능이 지배하게 되며 이것이 규제되지 않으면 파괴와 죽음에 이른다. 과욕이 죽음을 낳는다는 말은 성경에도 언급되어 있다.

둘째로, 이와 같은 욕망 지향을 규제하고 사회적 요청과 조화시키는 자아의 기관이 있다. 사회적 요청은 처음에는 부모들과 다른 권위들의 명령으로써 나타나며 어린이들이 이것을 지켜야 할 규범으로써 내면화되는 것이다. 그리하여 마지막의 양심이라고 하는 초아가 나타난다.

인간은 자아의 기관이 너무 무력해서 본능적 욕망과 사회 문화적 요구를 조화시키지 못하거나 무의식의 기관이 너무 지배적으로 강력하고 초아의 기관(양심)이 너무 엄격하거나 부족하게 되면 사회에서의 적응이나 생활환경에의 극복에 무력하게 된다. 따라서 프로이드는 욕망이 지배하는 인간이나 욕망을 지나치게 금욕적으로 억압하는 인간 모두를 병적인 인간으로 간주하였다. 자기 욕망을 실현하되 다른 사람의 욕망도 존중하고 사회적인 요구와 조화시키는 인간이 건전한 인간이라고 보았다.

오늘날 우리나라가 급격히 산업 사회로 발전하면서 우리는 인간성의 쇠퇴현상을 우려하지 않을 수 없게 되었다. 이는 사회 각 분야에서의 규범의 붕괴를 가져왔고, 특히 그 현상이 내일을 이끌 젊은이들에 더욱 심함을 발견하게 된다. 어느 보고서에 지적된 오늘의 청소년들의 공통적 현상은 신경질적 경향, 자기본위의 경향, 대인 관계의 미숙, 활력의 결여, 정체 의식의 불확실 등이 있다. 이와 같은 오늘의 청소년들의 인간적 부적응을 고치기 위하여 올바른 어머니의 역할을 다시 한 번 생각하고 가정의 교육적 기능을 회복하여야 할 것이다.

어린이는 어른의 거울이란 말이 있다. 어린이들이 어른들의 생활을 배워가기 때문이다. 그들이 적대 의식 속에서 생활하면 싸움하는 것을 배우게 되고, 조소 속에서 생활하면 수줍음을 배우며, 관용과 격려 속에 생활하면 인내와 자신력을 배우게 된다. 칭찬 속에서 생활할 때 감사하는 것을 배우게 되고, 공정함 속에서 생활할 때 정의를 배우며, 안정 속에 생활해야 믿음을 배우게 된다. 어린이들은 또 인정을 받으면서 생활할 때 자기 자신을 좋아하는 것을 배우게 되는 것이다.

오늘날 많은 어려웠던 가정들이 경제적 풍요를 누리게 되어 자녀에 대한 과잉 보호와 과잉 욕심을 내는 현상을 볼 수가 있다. 부모의 올바른 역할은 그들을 호의 호식하고 입신 출세를 위한 경쟁의 감방 속에 몰아 넣을 것이 아니라, 그들이 올바른 품성을 갖도록 길러주는 것이 부모로서 그들을 영구히 도와주는 것이요 사회를 위하는 것이다. 러스킨은 말하기를 "사람들이 자기 딸을 찬장의 장식처럼 길러 놓고는 그들의 언행이 경솔하다고 불평한다"고 지적하였는데 오늘의 많은 부모에게도 해당되는 말 같다.

오늘의 어른들은 옷깃을 여미고 겸허하게 오늘의 문제되는 젊은이들에게 올바른 가정 환경, 사회 환경을 제공치 못한 것을 스스로 반성하고 어른의 참모습을 보여주어야 할 것이다.

5월에 어린이 날, 어버이 날, 스승의 날이 모두 같이 들어 있는 것이 다행스럽고 우리에게 밝은 미래를 약속하는 것 같다.　(1990. 5. 7)

금년을 자기 혁신의 해로

———

　새해 복 많이 받으시길 바랍니다. 지난 한 달 동안 학부 신입생 선발을 시작으로, 대학원생 선발, 계절제 수업, 유치원 원장 연수 등 모든 사업들을 차질없이 잘 진행해 주셔서 감사합니다.

　금년 우리 학교 신입생 선발 제도가 복잡하게 되어 있습니다만, 한 명의 미달 사태도 없이 전학과가 골고루 채워졌고, 과거 어느 때보다도 높은 경쟁률 속에서 성적도 많이 향상됐습니다. 우리 대학 신입생들의 점수는 140~150점대 이상으로 서울의 중위권 이상의 대학에 갈만하다고 평가됩니다. 주무부서인 교무과를 위시해서 여러분들 모두가 열심히 해 주신 덕택이라 생각하며 감사드립니다. 계절제 대학원도 5대 1에 가까운 경쟁률을 통해 우수한 학생들이 선발되었는데 일선 교사들이 교원대학의 대학원에 진학하는 것을 전해 듣고 매우 흐뭇했습니다.

신입생 선발 시험 채점 결과를 여러분들이 검토하실 때 잘못 계산된 것을 모두 발견해 주셔서 여간 감사하지 않습니다. 준비라고 하는 것은 항상 빈틈이 있기 마련입니다. 모든 일들이 다 그렇습니다만 서로 이렇게 협조할 때에 그런 헛점이 메워지고 완벽한 행정이 될 수 있다는 생각이 들어 우리에게 좋은 경험이 됐습니다.

지금 세계는 격동의 시기를 맞고 있습니다. 이 격동의 시기는 인간 사회뿐만이 아니고 대자연에도 도래한 것 같습니다. 최근 일본의 고베 지역에 있었던 대지진을 비롯해서 네덜란드 사상 100년만의 대홍수, 미국 동부의 폭설, 우리나라의 대가뭄 등 자연의 도전까지 해결해야 할 책임을 맡게 되었습니다. 이럴 때일수록 우리 모두가 자중자애하며 이 시점에서 무엇을 개혁하고, 어떠한 각오를 다져야 할 지 각자가 자기 마음을 가다듬을 때라고 생각합니다.

정부에서도 지금 세계화의 기치 아래 다방면에서 개혁들을 추진하고 있고, 교육 개혁도 폭넓게 추진되는 걸로 알고 있습니다. 개혁 방향이 어떻게 전개가 될지는 미지수이나 분명한 것은 스스로의 개혁이 될 것이라는 것입니다. 교육 개혁은 인간에 대한 개혁이기 때문에 이것은 마음의 개혁이어야 한다고 생각하고 있습니다. 이에 따라 우리 대학은 금년을 자기 혁신의 해로 삼아 꾸준히 자기 성장을 위한 노력을 해야겠습니다. 그래서 금년도 예산의 범위 내에서 여러분들의 자기 성장 연수를 위한 지원책을 마련하겠습니다. 전 직원이 프로그램을 잘 활용해서 자기 직무와 관련된 한 가지 이상의 자격을 취득했으면 좋겠고, 외부

수강시는 장학금 혜택을 받을 수 있도록 조치하겠습니다.

이 달로써 94학년도 학사 업무가 마무리되어야 하므로 할 일이 퍽 많습니다만 그 중에서도 2월 22일 갖게 되는 졸업식과 3월 2일에 있을 1995학년도 개강을 차질 없이 준비해 주시기 바랍니다. 그리고 9일, 10일 양일간 국립대학총장협의회가 우리 대학에서 있습니다. 총무과가 주관이 되어 준비는 하고 있습니다만 각 부서별로 협조하여 준비에 차질 없도록 하기 바라고, 95년도 계획에 대해서도 빈틈없이 준비해 주시기 바랍니다. 세계화 시대는 다른 것이 아니고 내 마음을 정리하는 것입니다. 자기 혁신을 하고 자기 책임을 다 하는 데 더 노력해서 우리 대학 발전, 나아가 우리 교육의 발전에 기여하는 공직자가 돼 주시기를 바랍니다.

여러분 새해 더욱 복 많이 받으시고 금년 한 해는 여러분의 가정과 여러분의 개개인이 더욱 크게 성장하고 축복받는 한 해가 되기를 기원하면서 인사의 말씀 마치겠습니다. 감사합니다.

책임 의식을 가지고

———

  엊그제 있었던 우리 대학 10주년 기념 행사의 준비와 진행 과정에서 모두 책임을 다해 성대히 마칠 수 있었던 것에 대하여 감사의 말씀을 드립니다. 이번 행사를 통해서 우리 대학의 참모습을 외부에 알리는 계기가 되었다고 생각합니다. 엊그제 기념식에 참석한 분들이 다양하여 안내할 때 애로가 있었겠지만 명단을 잘 보시고 참석 인사에게 인사장을 빠짐없이 보내시고, 자료를 가져가지 않은 분들도 자세히 파악하여 뒷마무리를 잘해 주시기 바랍니다.

  박물관 개관 기념 전시회, 미술과 교수님들의 작품 전시회, 도서관의 도서전시회, 지리과의 문화지리 관련 자료 전시, 마루합창단의 청주 문화예술회관 개관 기념 춘향전 공연 등 모든 10주년 기념 행사가 우리 대학의 명예 선양에 큰 공헌을 했다고 생각합니다. 그리고 지난 금요일,

토요일 과학 단체와 교과교육공동연구소가 주최한 과학 교육에 관한 세미나도 국내외 저명 학자들을 모시고 성황리에 마쳤습니다. 이 모든 것을 준비하여 차질없이 잘 진행해 주신 각 부서 여러분께 다시 한 번 고맙다는 말씀을 드립니다. 또 모레 한국문화사 국제회의를 개최하는 데 차질이 생기지 않도록 준비에 만전을 기해 주시기 바랍니다.

오늘 11시에 교무위원들과 함께 고등학교 준공식을 하게 됩니다. 아담하지만 짜임새 있는 우리 부속학교로 완성될 수 있게 애써 주신 시설과장님 이하 모든 분들께 감사를 드립니다. 마지막까지 부실 공사가 되지 않도록 뒷마무리를 잘해 주시기 바랍니다.

지금 우리 사회에는 책임 의식이 결여되어 있습니다. 성수대교 사건이나 양주의 총기 난사 사건도 결국은 모두 책임 의식의 결여에 그 원인이 있는 것입니다. 그러므로 이제는 우리의 의식 정화 운동이 일어나고 여기에 우리 교육자들이 앞장을 서야 하는데, 특히 우리 대학 같은 데서 큰 책임을 져야 한다고 생각합니다.

우리의 근본을 각자의 마음에서 찾아야 됩니다. 남의 감시나 법의 규제나 상부의 지시에 따라서만 업무를 추진해서는 이런 사고를 미연에 방지하지 못하고 어려움만 따를 것입니다. 우리 스스로를 자제하고 각자 책임에 최선을 다하는 직장 풍토를 계속 유지해 주시기 바랍니다.

이제 11월, 벌써 금년이 다 갔습니다. 국회가 내년도 예산 심의를 시작해 이 달내로 예산이 확정될 것입니다. 사무국장, 경리과장은 내년도 예산이 금년보다 증액되어 학교 발전이 밝은 방향으로 추진될 수 있도록 끝까지 노력해주시기 바랍니다. 또 12월에 닥쳐서 정리하려면 힘이 들기 때문에 11월에 해야 할 일들은 미리미리 챙겨서 금년 마무리가 잘 되도록 해 주시기 바랍니다. 그리고 날로 날씨가 추워지므로 건강에도 각별히 유의하시고 남은 일정이 끝까지 잘 마무리되도록 모두 협조해 주시기 바랍니다. 다시 한 번 이번 10주년 행사에 수고하신, 또 참여하신 여러분들께 감사드립니다.

국민정신, 건강 회복

10월은 예로부터 천고마비의 계절이라 하였듯이 하늘은 구름 한 점 없이 푸르고, 마을마다 여름의 더위를 이겨내며 그동안 쌓은 결실의 수확을 앞두고 있습니다. 우리는 산업화 과정을 거쳐서, 남부럽지 않은 상당한 물질적 풍요를 누리게 되었습니다. 그러나 오랫동안 물질적인 면에 가치를 두고 달려온 결과 여러 가지 부작용이 생겼습니다. 최근에 일어난 지존파 사건, 박한상군 사건 등은 우리가 아무리 물질적인 풍요를 누린다 하더라고 정신적인 면이 뒷받침되지 않으면 그 풍요로움을 제대로 구가할 수 없다는 것을 말해주고 있습니다.

그 동안 우리 국민의식을 황폐하게 하고, 허영에 들뜨도록 부추긴 악성 환경 중에서도 가장 큰 영향을 끼친 것이 TV, 방송 매체가 아닌가 생각하고 있습니다. 방송의 긍정적 기능이 없는 것은 아니지만 폭력,

선정적 내용의 범람, 허위, 과장, 과잉 광고로 과소비 풍조를 조장하는 등 국민 정신 건강에 해악을 끼치고 있는 것이 한 둘이 아닙니다. 때늦은 감이 없지 않지만 그래도 다행스러운 것은 최근 방송계 자체 내에서 반성의 움직임이 일고 있다는 것입니다. 10월 1일부터 KBS 1TV가 광고를 없애고, 주말에 SBS 사장이 나와서 그 동안 방송의 해악을 사과하고 앞으로 국민정신 건강을 위해서 노력하겠다고 얘기하는 것을 보았습니다.

우리 학교는 교원을 양성하는 기관, 그것도 훌륭한 교육자를 키워보자는 목적으로 세워진 대학이니 만큼 우리도 나름대로 국민 정신 건강 회복을 위해 앞장서야 되겠습니다.

그 동안 새 정부가 들어서고 제반 분야에서 개혁을 위한 움직임을 보이고 있는데 그러려면 무엇보다도 먼저 교육이 정상화 되어야 하겠습니다. 교육이 제대로 된다면, 다른 분야의 개혁은 자연스럽게 뒤따르리라 생각됩니다. 그런데 최근 정말 웃지 못할 사건, 사고들이 많이 일어나는 것을 보고 적잖이 우려가 됩니다. 특히 인천 세금 포탈 같은 사건은 우리가 부끄러워해야 할 일입니다. 정말 발본색원하려면 우리의 정신 자세를 고치는 방향으로 나아가야 합니다. 정신 자세를 고치는데 남의 감시에 의해서 하는 것은 주권이 없는 비인간적인 방법입니다. 각자가 주인 의식을 발휘하여 자기 문제는 스스로 책임지고, 정직한 사람이 대우받는 사회 풍토를 만들어 가야겠습니다.

우리 모두가 자신의 일을 창의적으로, 성실하게 해 나간다면 사회는 저절로 유지될 것입니다. 또한 공직자는 자기 일뿐 아니라 주위에서도 모범이 되어야 하므로 더욱 큰 책임이 따릅니다. 서로가 단합해서 각 부서별로 한 번 더 점검하고, 어떠한 거센 바람도 이겨낼 수 있는 의지를 모두가 보여주시길 바라며, 일을 추진하는 데 있어서의 의견 차이를 서로 조금씩 양보해서 업무에 완벽을 기해 주시기 바랍니다.

3부
정직한 국민이 애국자이다

기념사: 한국교육학회 창립 70주년 회고

경애하는 한국교육학회 회원 여러분! 학회 창립 70주년을 축하드립니다.

한국교육학회는 교육입국을 걱정하는 40여 명의 선각자들이 6.25 전시인 1953년 봄 피난처 부산에서 서울대학교 사범대학의 임시 건물에 모여 초대 회장으로 김기석 교수님이 추대되어 창립하였습니다. 현재 26개 분과 학회에 7천 명 가까운 회원들이 교육학 연구에 참여하고 있는 학술단체로 성장했습니다.

지난 70년간 한국교육정책과 교육 현장의 문제해결을 위한 연구와 정책개발을 하여 한국교육 발전에 큰 기여를 하였습니다. 문맹률이 80퍼센트인 나라에서 한국교육은 학문숭배 전통과 국민의 높은 교육열에 힘입어 초등학생 수와 고등교육학생 수가 큰 차이가 없을 정도로 세계 최고의 고학력 교육구조가 되었습니다.

학생들 개개인의 능력과 적성에 맞는 교육을 제공하도록 우리 교육체제를 개선하는 것이 한국교육학회의 과제라고 생각합니다. 한국교육학회야말로 한국교육 발전의 상징이라고 생각합니다. 학회창립 이후 70년을 이어 오는 동안 한국교육학회는 우리나라의 교육행정과 교육현장의 변화에 크게 기여해 왔습니다.

한국교육 현실에 대한 불만을 느끼는 일각에서는 한국교육은 교육학자가 망쳤다는 원망도 없지 않았던 것으로 기억됩니다. 이러한 비판은 한국교육학회 역대 회장 중 여러분이 문교 행정의 최고책임을 맡으신 데 따른 일부의 시각이라고 생각됩니다. 이러한 비판은 한국교육학회에 대한 교육을 바로 세워달라는 국민들의 기대이기도 합니다.

교육은 인류의 진보와 번영을 위한 가장 핵심적이고 귀중한 원동력입니다.

우리의 미래는 교육에 달려 있으며 그 미래를 개척하고 선도하기 위해서는 교육에 대한 지식과 경험을 공유하고 함께 성찰하는 공동의 장이 필요한데, 바로 그 공동체가 우리 한국교육학회입니다.

한국교육학회의 지난 70년의 업적을 성찰하고 우리 교육 현장에서의 어려움과 도전을 공유하고 그에 대한 해결책과 혁신적인 방법을 모색하기 위한 이번 학술대회가 큰 성과를 거두시기를 바랍니다. 교육학 연구의 학문적인 발전은 학생들과 교육자들에게 직접적인 영향을 미치며 그들의 미래를 여는 데 중요한 역할을 할 것입니다.

한국교육학회 3~7대 회장으로 '나는 내 조국의 민주교육을 위해서 살다 가노라'는 말씀을 남기고 1987년 10월 31일 서거하신 오천석 박사가 저서 "민주주의 교육건설"에서 교육의 사명에 대하여 하신 다음 말씀을 한국교육학회 70주년을 기념하는 이 자리에서 우리는 다시 한번 기억했으면 합니다.

〈민주국가의 법령은 하루아침의 법령으로써 세워질 수 있을지 모르거니와 그를 담는 그릇은 오직 교육의 힘을 빌리지 않을 수 없다. 그러므로 민주국가 건설의 절대적 기본 요소는 교육이라야 할 수 있다. 교육으로써 그 기초를 닦지 않은 민주국가는 모래 위에 세운 집과 같아서 한번 바람이치면 무너지는 것이다. 교육의 길은 먼 길이요 돌아가는 듯 한 길이다. 그러나 이것이 가장 짧은 길이요 곧은 길이다. 이 길이 멀다 하여 밟지 않는 어리석음을 가져서는 안 된다. 그러기에 우리는 교육을 중요시하는 것이요, 그 임무가 무한 큰 것인 줄을 간절히 느끼는 바이다. 민주국가에서의 곧은 길- 이것이 바로 교육이다.〉

끝으로 한국교육학회의 무궁한 발전과 회원 여러분의 축복을 빌며 이번 70주년을 기념하는 학술 대회가 큰 성공을 거두기를 기대합니다. 아울러 이 뜻깊은 행사를 기획하고 주관하는 46대 한국교육학회 신현석 회장님과 임원 여러분께 뜨거운 박수를 보냅니다. 감사합니다.

2023. 6. 29
제33대 한국교육학회장 신극범

개방화 시대 고향 사랑

―――

1. 실향민의 현주소

내일을 예측할 수 없는 '不確實性의 時代'를 살아가면서, 불행히도 확실한 것은 소중한 '우리의 뿌리'를 상실해 가면서도 그것을 느끼지 못하는 끔찍한 文化不感症에 깊이 羅患되어 있다는 사실이다. '제3의 물결' 파도는 개방화, 국제화를 가속화하여 종래의 시간과 공간의 개념을 뛰어넘는 지구촌(Global Village)에 살면서 國粹主義나 排他主義로 빗장을 걸어 잠그는 것은 부질없는 짓이요, 또한 불가능한 일이다.

문화는 文化接變에 의하여 부단히 변용 발전하지만 수용 자제에 따라 흡수동화 되어 고유한 전통 문화가 滅失되는 비운을 맞기도 하고, 외래 문화를 주인의식을 갖고 선택적으로 수용하여 전통 문화를 풍윤하게 하기도 한다. 우리의 문화 수용의 자세는 어떠한지 재점검하고 준엄한 반성이 있어야 할 것이다. 여과없이 받아들이는 외래 문물로 우리의 소중한 전통 문물이 몸살을 앓고 있는 것이 우리의 현실이다.

게다가 UR 협정이 타결되면서 '국경없는 무한 경쟁 전쟁 시대'를 맞아, 외국의 문물이 노도처럼 밀려들게 되었다. 개방화 시대의 국가 이익을 위한 치열한 무역 전쟁을 극복하는 길은 국민 모두의 확고한 '주인 의식'과 정신력에 달려 있다고 하겠다. 수년전 미국의 무역 압력에 당시 일본의 나까소네 수상이 외제 사용을 권장했으나 국민이 그것을 無言으로 거부하여 난관을 극복한 사례는 우리에게 시사하는 바 크다.

우리의 현실은 어떠한가 스스로 물어보고 부끄러움과 함께 준열한 반성이 있어야 할 것이다. 고가의 외제 사용이 사회 경제적 지위를 나타낸다는 가당찮은 허영심을 불식하고 우리의 것을 아끼고 사랑하는 것이 국민으로서의 마땅한 도리임을 깊이 인식해야 할 것이다. 지금이야말로 어떠한 상황에서도 놀라지 않는 '處變不驚'의 자세로 이 치열한 무한 경쟁에 대처해야 할 것이다. 우리의 생활 둘레에 범람하는 서구의 문물을 위화감없이 대하는 현실을 보며 이 곳이 서구 문물의 보급소가 아닌가 하는 의구심이 든다.

출생지인 '유년의 뜨락'이 우리의 본원적인 고향은 아니다. 그 '유년의 뜨락'은 언제고 찾아갈 수 있지만, 우리의 문화를 한 번 잃으면 복원할 수 없고 또한 돌아갈 수 없는 실향민이 되고 만다. 오늘 같은 개방화 국제화 시대에 고향을 논의하는 것이 시대 착오적인 발상일지 모르나

'뿌리 의식'이 있어야 문화민족이라는 사실을 잊어서는 안 될 것이다.

가장 한국적인 것, 가장 우리적인 것이 가장 세계적이라는 명제는 개방화 시대를 사는 우리에게 소중한 교훈이 아닐 수 없다. 개방화의 문을 활짝 여는 사람은 주인으로서 자신이 확고해야 한다. 아니, 주인으로서 자신이 없는 사람은 문을 열지 못한다. 개방화 시대의 세계 시민의 자격은 '주인 의식'이 확고한 사람만이 누릴 수 있다.

2. 適人生存의 정글

첨예한 냉전이 종식되면서 국제 질서는 냉혹한 국가 이기주의가 대두하게 되었다. 그것은 어쩌면 지극히 자연스런 현상인지도 모른다. 냉전 체제하에서는 이념의 결속과 번영을 위해 경제적인 면에서 조금은 관대한 태도를 보여온 것도 부인할 수 없는 사실이다. 그러나 이념의 벽이 무너지면서 세계적인 리더쉽은 상대적으로 약화되고, 국경없는 경제 전쟁이, 몰염치한 국가이기주의 세계로 돌입하게 되었다.

얼마전 TGV가 고속전철로 선정되자 전혀 내왕이 없던 그 나라의 대통령이 찾아와 '현명한 선택'이라고 감사의 뜻으로 내놓은 것이 장경각외전 달랑 한권, 그것도 우리의 것을 노략질해 간 것 아닌가? 더욱이 그 쪽 나라 사람들은 그것이 못마땅하여 도서관 관계자가 사표를 내는 등 소란을 부렸다는 보도를 보면서, 그것이 오늘의 현실을 극명하게 보여 주고 있음을 알 수 있다.

자국의 이익을 위해서는 못하는 짓이 없는 이 엄혹한 국제 사회에서 살아가기 위하여 우리는 현실을 자탄할 것이 아니라 신발끈을 동여매고 각자가 맡은 분야에서 경쟁력을 키워 이에 적극 대처해야 할 것이다. 정글의 세계에서 예의나 염치를 논의하는 것은 넌센스다. 먹고 먹히는 適者生存과 弱肉强食이 있을 뿐이다.

본시 우리 민족은 합리적, 이성적이기보다는 情意的인 측면이 강하다. 그래서 협상에 서툴고 치밀한 계획과 장기적인 안목 없는 조급증으로 損益計算에 어두운 면이 있다. 정의적인 면이 제거된 사회는 얼마나 삭막할 것인가? 그러나 오늘의 무한 경제 전쟁에서 살아남고 나아가 번영하기 위해서는 사고의 일대 혁신이 있어야 한다. 이데올로기의 대립보다도 더 끔찍한 현실을 직시하고 이에 적극 대처해야 한다. 언젠가 駐韓美大使의 '韓美間이 언제나 자기 편이라고 당연시하는 것은 위험하다'라는 발언은 귀담아들어야 할 것이다. 냉혹한 국가 이익의 충돌 앞에서 아직도 우리는 응석을 부리고 있는 것은 아닌지 반성해야 할 것이다. 이제 우리는 '응석 문화'를 떨쳐버리고 국경 없는 무한 경제 전쟁에 승리하기 위하여 임전 태세를 새롭게 다져야 할 것이다.

먼 산 너머의 천둥소리처럼 일반 국민에게는 감도 잡을 수 없던 UR이 7년여의 장정 끝에 마침내 매듭을 짓게 되었다. UR, 그것은 세계 경제사에 하나의 획을 긋는 사건으로 세계가 무한 경쟁의 시대로 돌입한 것이다.

3. 呻吟 하는 農村

기업이든 농가는 가릴 것 없이 상품과 서비스를 생산하는 모든 경제 단위는 오직 가격과 품질에 따라 치열한 경쟁을 벌일 뿐이다. 자유 경쟁에 의한 적자생존과 약육강식의 정글의 법칙, 그것이 UR이 몰고 온 新通商 秩序다.

국제 경쟁력이 처지는 나라는 경제의 대외 예속과 국내 산업의 피폐를 면할 수 없는 벼랑에 서게 된다. 부존 자원이 없는 우리나라는 수출 주도의 대외 지향적 성장 전략을 추진하여 오늘의 경제 성장을 이룩한 것도 사실이다. 수출증대는 곧 경제 성장이요 수출품은 공산품이라는 관념은 장기적인 대비 없이 상대적으로 農政을 경시하여 농촌을 피폐하게 했다.

그러나 축산물의 사료를 비롯한 공산품의 부품, 제조 및 서비스 산업도 외제의 부품을 도입하고 로얄티를 지불해야 하는 것이 우리 수출의 실상이다. 게다가 인건비의 상승과 3D 기피 현상은 우리 경제를 더욱 어렵게 하고 있는 실정이다. 이를 극복하기 위하여 기술 개발로 경쟁력을 강화하고 우리 것을 소중히 아끼고 사랑하는 풍토를 조성해야 할 것이다.

비길 데 없이 脆弱한 농촌 구조에 농축산물이 UR의 태풍을 타고 밀어닥치게 되었으니, 우리의 농촌은 바람 앞에 촛불로 떨게 되었다. 농업 인구를 얼마로 감소하는 것이 좋으냐는 논의는 차치하고, 투자 가치가 없고 경쟁력마저 떨어져 수출 전략에 도움이 되지 않는다는

短見이 농촌의 붕괴를 촉진시켰고 이제 벼랑의 위기를 맞게 되었다.

미국의 농가는 전체의 0.5%에 지나지 않는다. 그러나 그들은 우리가 생각하는 그런 농민이 아니다. 그들은 쌀을 재배, 아니 기계로 공산품을 제조하듯 대량 생산하여 수출하는 수출업자에 가깝다. 그러나 그들을 살리기 위하여 치밀한 계획으로 기를 쓰고 노력한 반면, 우리는 구원의 고향이자 태생적 정신 문화의 모체인 농촌을 홀대해 온 것이 숨김없는 사실이다. 우리 민족에게 있어 땅은 성스런 모태요 쌀은 생명의 젖줄이다. 그것은 경제적 가치 이상의 소중한 정신적 가치가 있음을 인식해야 할 것이다.

농촌은 우리의 뿌리를 지켜온 마음의 고향이다. 그러나 그 곳이 목가적인 낭만이 꽃피는 유년의 뜨락이 아니라, 고단하게 지켜온 우리 농민의 구체적인 삶의 현장임을 잊어서는 안 된다. 우리에게 있어 농촌의 붕괴는 정신적 귀의처의 상실을 의미한다.

노령화된 농업 인구의 사회적 문제, 환경과 생태계에 미치는 영향 등도 심각한 문제로 대두되고 있지만, 무엇보다도 중요한 것이 우리의 뿌리와 정서, 그리고 源鄕을 잃는다는 사실을 깊이 인식하고 우리의 농촌을 복원하고 번영하여 유년의 꽃이 피어나도록 국가적 차원의 정책 지원은 물론 우리 모두 '내 집'을 지켜야 한다는 사명감과 깊은 애정을 기울여야 한다.

年前에 워싱톤에서 평소에 친분이 있는 아이오와州 출신의 한 美上院議員을 만났을 때는 그의 고향인 아이오와州의 가뭄 때문에 걱정이라며 장탄식을 했다. 외국인인 나에게 '표'를 의식한 말이 아니라 순수한 애향심의 발로라 생각하니 그들의 지극한 애향심에 감동하지 않을 수 없었다. 그들의 그 애향심이 오늘의 미국을 있게 한 원동력이라고 생각했다.

요즈음 농촌에는 UR 노이로제 환자가 급증하고 있다는 가슴아픈 소식을 듣는다. 그들의 아픔을 '나'의 아픔으로 받아드릴 때 우리 농촌은 화창한 유년의 뜨락으로 되살아날 것이다. 그 농촌을 지키고 되살리기 위해 내가 나설 때가 바로 지금이다.

우리 선인들은 중앙의 관직에서 물러나면 고향에 돌아와 自適하며 고향의 정신적 지주로 지역 문화의 발전과 보급을 위해 정성을 다했다. 그러나 요즈음 너 나 없이 도시로, 도시로만 머리를 두는 것은 농촌이 그만큼 피폐하기 때문이다. 우리의 탯줄인 농촌을 복원하여 가꾸고 사랑하는 것이 개방화 시대를 사는 우리의 마땅한 자세요, 그러기 위하여 국제 경쟁력을 강화하고 획기적인 농촌 부흥 운동을 범국민적으로 전개해야 할 것이다.

개방화, 국제화를 구가하는 것은 좋다. 그러나 '강 나루 건너서 밀밭 길'을 지키고 가꾸는 것은 더 소중하고 값진 것이다. (1994. 1. 1)

신뢰 회복이 밝은 사회 · 통일의 지름길

———

지난 80년대와 90년대는 우리나라 정치, 외교, 사회, 문화, 경제 등 모든 분야에 많은 변화가 있었다고 할 수 있겠습니다. 이 같은 변화 속에는 사회의 순기능과 역기능적인 면이 함께 나타났는데 이러한 변화를 21세기를 향한 발전의 디딤돌로 승화시키는 것이 앞으로 우리가 해야 할 일이라 생각합니다.

● 새해를 맞는 총장님의 所懷를 말씀해 주시지요.

△ 시간은 흘러가는 것이지만 특히 새해 아침에는 늘 과거를 되돌아 보고 희망을 생각케 되는 계기가 됩니다.

지금 우리는 국가 사회적으로 굉장히 중요한 시점이 아닌가 합니다. 국제적으로 동서 화해 분위기가 조성돼 그 동안 첨예화됐던 동서 국가

간의 이데올로기적 갈등이 무너지고 체제에 있어 자유주의, 잘 사는 체제로 전환되고 있습니다. 불행히도 한반도에 있어서 남북의 갈등의 벽은 너무나 두터웠기 때문에 아직도 지속되고 있기는 하지만 민족화합의 차원에서 모두가 슬기롭게 대처해 나가면 모든 갈등을 극복할 수 있으리라 생각합니다.

우리의 교육 수준과 교육열은 다른 나라보다 월등히 높아 우리는 그 만큼 힘이 있습니다. 그 동안 우리는 60~70년대 국내적인 경제 성장을 이룩했고 80년대는 아시안 게임, 올림픽 경기 등을 거치면서 국제적인 선진국 대열에 올라섰습니다. 이는 우리나라의 경제적 수준의 향상에 의한 것이지만 앞으로는 우리의 정신적인 수준의 향상이 뒷받침할 수 있어야겠습니다.

사회 공동체의 구성원으로서 보다 높은 수준의 협동심과 인간에 대한 존엄 사상, 이들을 이끌어 주는 도덕심, 이기주의에서의 탈피 등이 우리의 가슴에 자리잡아 좀 더 큰 것을 볼 줄 아는 사회가 되어야 하겠습니다. 이런 모든 것이 교육에 의해 이뤄져야겠지요.

● 현재의 우리나라 정치 · 사회 등 각 분야에서 나타나고 있는 갈등과 불신에 대해 진단해 주십시요.

△ 인간이 살아가는 데 있어서 「룰 오브 게임(Rule of Game)」은 대단히 중요합니다. 다시 말해 바른 길, 정도(正道)를 걷는 자만이 모든 분야에서 승자가 되어야 합니다. 그러나 오늘날 우리 사회에서는 반드시 그렇지만은 않기 때문에 문제가 되지요. 편법이 일률적으로 횡행한다고는 할 수 없지만 경험에 의해 터득하거나 얻지 아니하고 요행으로 얻어진 것은 결국 탄로가 나거든요.

우리나라의 정책은 변화가 많은 것이란 점입니다. 국가 정책이 변화가 많음으로써 지도계층을 포함한 모든 구성원이 정도(正道)를 보여줄 시간적 여유가 없게 되지요. 특히 교육 정책 등에서 보면 그 동안 경험이 축적될 기회를 부여치 못해 왔던 것이 사실이지요. 정책이 바뀌면 일시에 모든 것을 새로이 시작해야 합니다.

한편 우리 사회는 너무나 많은 것들이 정치에 영향을 미치고 있습니다. 한 마디로 우리 사회는 지나치게 정치적이라 할 수 있습니다.

•우리가 고도의 경제 성장을 하면 모두가 잘 살 수 있게 될 줄 알았는데 그렇지도 않은 실정입니다. 게다가 개인간의 불신의 벽은 물론 사회적으로도 부조화와 부조리 등 많은 갈등의 요소가 도사리고 있습니다. 이 같은 갈등의 해소 방안이 있다면 무엇이라고 생각하십니까

△ 가장 중요한 것은 각 계층의 신뢰 회복입니다. 남북한 관계에 있어서도 6·25 등을 거치면서 오랜 기간 누적된 갈등을 해소키 위해서는 우리 민족간의 내부적 신뢰 회복이 필요합니다. 그리고 국내적으로는 모든 국가 정책을 일관성있게 기획하고 시행해 나가는 것이 중요합니다.

앞에서도 일부 언급을 했지만 우리 사회에 내재돼 있는 불신의 풍조는 정책의 일관성이 결여돼 온 데에도 그 원인이 있다고 봅니다. 변화는 필요한 것이나 그 변화는 점진적인 것이어야 합니다. 정책이 점진적인 변화를 유도할 때 사회도 큰 혼란이 없이 발전하게 되는 것이지요.

국민들의 정치에 대한 불신이나 경제적인 부의 편중도 근본적으로 正義心이 부족한 데서 온다고 할 수 있습니다. 따라서 문제는 正道를 떠난 행동은 이 사회에서 없어져야 한다는 것입니다. 아울러 모든 국민이 자기 분수에 맞는 생활을 할 때 이 사회는 밝고 명랑하고 활기찬 공기로 가득찰 것입니다.

•지금 우리 사회가 안고 있는 모든 문제점 등은 결국 근본적으로 따지고 보면 가치관의 형성이 안돼 있기 때문이 아니겠습니까. 또한 인간성이 땅에 떨어진 것도 이 사회의 모든 병리 현상의 원인이라고 생각이 되는데 이에 대해 한 말씀 해 주시지요.

△ 어느 사회에서나 병리 현상은 그 사회의 환경 여하에 따라 나타날 수 있는 것입니다. 따라서 우리 사회의 병리 현상들은 우리의 사회 문화에서 파생된다고 봅니다.

예로써 우리나라같이 주택가 옆에 유흥가가 자리잡고 있는 나라는 없을 것입니다. 흔히들 애들이 볼까 무섭다는 이야기를 자주 하는데 이는 자라나는 세대들이 순수하게 자랄 수 있는 문화 환경이 그 만큼 중요하다는 것을 뜻한다고 할 수 있지요.

우리 사회는 젊은이들의 뜻을 살려주고 그들에게 철학을 심어주는 문화풍토가 필요합니다. 인간성 회복은 교육으로부터 시작돼야 합니다. 그러나 오늘날 우리의 교육 풍토는 그렇질 못하고 결과론적인 사고 방식을 길러주는 역할을 해오고 있습니다. 아이들로 하여금 점수 따기에 바쁜, 그러한 교육을 해 온 것이지요. 방법론과 결과론이 전도됐다고 할 수 있지요. 이 역시 우리 사회가 탈피해야 할 것 중의 하나지요.

또한 옳은 것은 옳고 그른 것은 그르다고 하는 용기있는 자세가 아쉽다고 하겠습니다. 민주주의 자체는 옳은 것에 대한 비판이 있어야 발전을 하는 것이지요. 그러나 우리 사회는 현재 비판을 하기 위한 비판이 만연돼 있는데 실로 안타까운 일입니다.

●충청일보에서는 올 한 해의 주제를 「화해」로 정했습니다. 서로 사랑을 나누며 살아가는 것이 필요하다고 생각하는데 화해의 요체를 어떻게 생각하시는지요.

△ 남의 의견을 수용할 줄 아는 사회가 바람직함에도 우리 사회는 남의 것을 무시하고 오직 자기 것만을 주장하고 있습니다. 자유에는 책임이 따르게 마련입니다. 따라서 자유를 누리기 전에 책임을 생각하는 책임 의식이 모든 분야에 강조돼야 합니다. 요즘 각종 매스컴에 자주 오르내리는 「내 탓이오」운동도 역시 책임감을 고취시키기 위한 것이 아닌가 합니다. 나아가 내 탓을 한 연후에 고쳐야 할 것이 있으면 고치려 하는 노력이 있을 때 발전이 뒤따르겠지요.

●1991년은 지방자치제의 원년이 될 것으로 전망됩니다. 지자제의 실시를 앞두고 국민들이 갖추여야 할 덕목은 무엇이라고 생각하시는지요.

△ 우리나라의 지자제가 늦어진 것은 정치 · 경제 등의 중앙 집중화 때문입니다. 도시 발전적 측면과 규모면에서는 직할시 등 상당히 균형 발전이 되었다고 할 수 있으나 정치와 경제는 중앙 집중이 되어 있습니다. 지자제의 성공적인 실시를 위해서는 우선 경제적인 자립이 선행돼야 합니다. 지금 상태로선 상당한 시일이 걸리겠지만 지방 재정이 확보되면 원활한 지자제 운영이 될 것입니다.

지방화 시대에 있어서의 교육은 국민 통합적 기능과 국민 교육적 기능 때문에 국민으로 하여금 가치 공유를 유도하고 공동체로서의 국민 의식을 계도하기 위해서는 국가 차원에서의 교육 정책이 필요하다 하겠습니다.

그리고 지방화될수록 각 지방과 정치인들은 상호 교류가 있어야 합니다. 지역간의 전문적인 교류가 이뤄짐으로써 각 지역의 발전은 보다 수월하게 이뤄지리라 믿습니다.

●본격적인 지자제 실시를 앞두고 시민 의식이나 민주주의 의식이 부족하다는 지적을 많이 하고 있습니다. 앞으로 지방의회 구성에는 어떤 인물이 적절하다고 보시는지요.

△ 지난 시절의 지방 선거에서도 나타났듯이 타락 선거가 이번 선거에서 불식되기는 힘들겠지요. 이런 상황 아래서는 역시 국민들의 성숙된 의식이 중요합니다. 머지 않아 돈을 써도 당선이 안된다는 의식이 자리잡게 될 것으로 생각합니다.

그리고 자기를 버리고 공익을 위해 헌신하는 자세, 각계 각층의 의견을 성실히 대변할 줄 아는 양심을 가진 인물이 지역 대표로서 제격이 아니겠습니까.

●평소의 좌우명은 무엇인지요. 그리고 새해를 맞아 덕담 한 말씀 해 주셨으면 고맙겠습니다.

△ 좌우명이라 해서 가슴에 남고 있는 것은 따로 없고 평소 성실성과 바른길(正道)을 중시합니다. 각자가 성실한 마음과 자세로 바른 길을 걸어 갈 때 이 사회는 웃음꽃이 피는 행복한 사회가 될 것입니다.

덕담 역시 이런 마음과 자세를 바탕으로 마음적으로나 행동면에서 「여유있는 삶의 자세를 가져주셨으면 합니다. 기성 세대는 젊은이들을 배우고 젊은이들은 기성 세대를 따르고 배우는 아름다움 속에 각 가정에 행운이 깃들길 바랍니다.   (1991. 1. 1)

*대담 : 임병무 충청일보 문화부장

지방대학의 생존

오늘날 지방대학의 생존문제는 위기 의식의 단계를 벗어나 이미 심각한 양상으로 치닫고 있다.

수년 전에 교육부장관이 지방 대학생들을 초청하여 간담회를 가진 바 있었다. 그때 한 지방대 학생이 "서울에 있는 대학은 양반 대우를 받고 지방에 있는 대학은 상놈 취급을 받고 있다"며 우리 사회의 지방 대학생 푸대접을 항변한 바 있다. 그 학생의 울분 섞인 발언이 화제가 되어 일간지에 보도되기도 했는데, 이러한 심정은 학생들 뿐만 아니라 지방대에 근무하는 교수나 직원들도 같은 심정일 것이다.

지방대학생 푸대접 항변

새 정부가 지방분권과 지역 균형 발전을 위해 지방대학에 대한 지원을 강화하려는 다각적인 정책을 검토하고 있는 것은 다행스러운 일이다. 지역의 발전을 위해서는 그 지역의 우수한 인적자원개발이 필수이기 때문이다. 그러나 이런 지방대 지원정책이 선택과 집중에 있어서 빈익빈 부익부의 현상이 되풀이되지 않을까 걱정이다. 과거 여러 정권을 거치면서 국토의 균형발전 문제는 끊임없이 강조되어 왔음에도 불구하고 수도권과 지방의 경제·사회·문화적 격차는 더욱 심화되어 왔고 지방 대학과 수도권 대학의 교육 여건의 격차도 오히려 더 악화되고 있다. 고교졸업생 수의 감소, 수도권 대학으로의 지방 우수학생 유출, 기업들의 지방대 졸업생 선발 외면, 교육시장의 개방, 사이버대학을 비롯한 신종 대학의 확대 등 이 모두가 지방 대학의 위기를 가중시키고 있다. 이러한 상황에서 정부의 대학지원 정책이 경쟁논리로 치우치지 않을까 염려스럽다.

어찌 보면 지방대의 어려움은 미래를 예측하지 못하고 준비마저 부족했던 대학의 책임이라 할 수도 있을 것이다. 실제로 이러한 자성론 내지는 책임론이 상당한 당위성과 설득력을 얻고 대학 스스로의 변화와 개혁을 찾기 위해 다양한 생존전략을 꾀하고 있는 것도 사실이다. 하지만 이러한 자구노력의 근원과 출발점이 교육환경의 질적 향상이 아니라 생존에 따른 경쟁 논리로부터 비롯된다는 현실을 직시할 때, 이 문제가 과연 대학 스스로의 힘만으로 해결할 수 있는 과제인가를 되짚어 보지 않을 수 없다.

외국의 예와 달리 정부의 획일적 통제를 받아 오늘에 이른 지방대학의 현안 문제에는 정부 정책의 책임이 적지 않다. 그럼에도 불구하고 현재의 지방대 문제를 시장논리에 맡겨 해결하려는 움직임에는 그 공정성에 대한 문제를 제기하지 않을 수 없다. 가장 큰 이유는 오늘날 대학의 생존경쟁이 공정하지 못하다는 것이다.

교육에 시장논리적용 인명 불공정

우리나라 대학들 특히 수도권의 국립과 사립, 그리고 대규모 대학, 일반 대학과 특수목적대학들 간에 이미 형성된 빈익빈 구조가 생존과 경쟁의 논리를 적용하고 부터 고착화되어 있다는 것은 자명하기 때문이다.

생존은 절대 과제이기 때문에 스스로의 자구책을 찾지 않을 수 없다. 그러나 이 문제가지고 대학만이 알아서 시장논리로 해결해야할 문제라고 한다면 분명 기형적 부작용을 낳을 것이고, 결국 교육의 수혜자인 학생, 국가와 사회의 미래에 또 다른 문제를 가져다 줄 것이다. 교육은 최고만을 인정하는 서바이벌이 되어서는 안 된다. 교육 시장논리가 더 이상 생존경쟁이 되는 오류를 방치해서는 안 될 것이기에 수도권에 위치해 있건 지방에 있던 교육기능에 상응하는 대폭적인 방법이 반드시 마련되어야 한다. 〈대전대학교〉

지역 발전을 위한 언론의 방향

―――

　오늘 날은 하루가 다르게 변한다는 말보다 일 분 일 초가 다르다는 말이 더 어울리는 시대이다. 잠시 동안이라도 인터넷 앞에 앉아 있으면 새로운 소식들이 우후죽순처럼 생겨나고, 다양한 대량의 정보가 별다른 여과장치 없이 대중의 눈을 현혹시킨다.

　이제 언론은 대중에게 새로운 뉴스를 전달하는 매체의 특성에서 벗어나야 한다. 그러나 그렇다고 언론의 역할이 미비해지거나 기능이 축소되어서는 곤란하다. 오리려 지금과 같은 뉴스의 홍수 속에 살고 있는 시민들에게 언론의 역할과 기능은 더욱더 중요한 위치에 있다. 효율적인 여론의 조성을 위해, 올바른 토론 문화의 정착을 위해 언론은 든든한 버팀목으로 자리 매김을 해 나가야 한다.

　특히, 중앙 언론에 편중되어 있는 문화적 인프라를 탈피하여, 지역의 특수성을 도모한, 지방문화의 선구적인 입지를 마련할 수 있어야 한다.

대전은 유구한 역사와 아름답고 고귀한 문화적 유산들을 계승 발전시켜 온 도시이며, 깨끗하고 편리한 주거환경에 있어 최적의 조건을 두루 갖춘 도시이다. 또한, 과학산업도시의 메카로 자리잡으면서 중앙정부산하의 기관들과 연구단지가 밀집되어 있다. 그러나 유통인구가 늘어나면서 각종 폐해들이 속출하고 있는 것도 사실이다. 더구나 요즘 한창 충청권이 새 행정수도의 유력한 후보지로 떠오르면서, 중앙 언론과 타 도시의 자치단체들로부터 각종 조명을 받고 있다.

물론 대전을 포함한 충청권은 새 행정수도가 되기에 나무랄 데 없는 물리적 환경을 갖추고 있다. 과학 산업도시 육성되어 왔고, 교통, 환경 문제 등의 제반적 요건들이 고른 수준을 보이고 있기 때문이다. 그러나 교육과 문화의 수준은 아직도 취약한 편이다. 지역대학의 육성을 위해 언론의 역할이 필요한 때이다.

우선 지방대 위기의 시대가 도래했다고 여길 만큼 우리 지역의 지방대 생존률은 심각한 수준이다. 비단 대전 지역 대학만의 문제는 아니겠지만 지방대의 위기 탈출을 위해 언론의 체계적인 방안이 마련되어야 한다.

지방대 자구의 노력이 선행되어야 하고, 이에 따른 정부의 대폭적인 재정 지원이 뒷받침되기에 앞서 지역 언론과 대학의 밀착된 연대가 필요하다.

명문 대학은 지역의 뿌리 깊은 유서를 만들 수 있다. 선진국의 경우

대학의 지명도에 따라 도시의 이미지를 창출해낼 수 있어 수도권과 지방의 차이를 실감할 수 없는 것을 흔히 볼 수 있다. 어느 지역이든지 유명한 캠퍼스를 두고 있으면 그 아카데믹함이 도시의 이미지와 연계되어 나타날 수 있기 때문이다. 또한, 유구한 문화의 유산들을 계승 발전시키기 위해서 지역언론은 대전의 역사와 문화를 새롭게 재조명하는 작업을 시도해야 한다. 이른바 "지방문화 키우기"를 위해 선결되어야 할 과제들, 즉, 지역 문화의 정체성을 새롭게 확립시켜야 하는 문제와 전통과 현대를 연결할 수 있는 살아있는 문화네트워크를 구축해내야 한다.

여기에 지역언론의 선구적인 역할은 너무나 당연한 일인 것이다. 지역의 균형적인 발전과, 수준 높은 지방 문화를 지향하고, 교육의 활성화를 위해 우리 지역의 언론은 일찌감치 눈을 뜨고, 보다 멀리 도약하기 위해 혜안의 계명(誡命)을 준비해야 한다.

극일의 길

———

일제 36년간의 긴 식민지 통치에서 해방을 알리는 감격의 종소리가 삼천리 방방곡곡에 울린 지가 벌써 올해로 45주년을 맞는다. 망각속에 사는 것이 인간이지만 45년 전의 8·15 광복은 역사를 아는, 또 생각하는 국민이면 누구나 그 치욕의 36년간의 나라 잃은 국민이 겪어야만 했던 쓰라린 경험을 되새기지 않을 수 없을 것이다.

세계사 속에서 식민 통치의 사례는 많지만 韓民族에 대한 일제 지배처럼 잔인한 식민 통치는 없었을 것이다. 다른 서구의 식민 정책은 주로 정치나경제적인 것이었지만 일제는 우리의 말과 글은 물론 고유한 생명까지도 빼앗아 완전히 우리의 고유 문화를 말살하고 일본화 정책을 강요한 것이었다. 돌이켜 보면 이러한 정책에 항거하는 많은 애국 독립 투사들에 대한 투옥과 탄압은 물론 정치, 경제, 사회 각 분야에서의 한국인에 대한 차별과 탄압은 이루 헤아릴 수가 없었다. 관공서의 장은 물론 학교장에 이르기까지 모두 일본인이 맡았고, 일본인들은 사회 각 분야에서 많은 특권을 누리었다. 학교도 차별하여 일본인들만을 위한 초·중등 교육 기관을 시골면 소재지까지 설치하여 그들에게 우대 정책을 폈다. 아무리 학력이 뒤져도 日人의 자녀는 무조건 학교에 진학할 수 있었지만 한국인의 경우는 선택된 일부가 치열한 경쟁을 거쳐야만 되었다.

일본어를 국어로 배워야 했고, 우리말을 조선어로 하여 마치 외국어인 것같이 취급되었다. 그것도 일제 말기인 1941년부터는 학교에서 조선어 과목을 아주 삭제해 버렸다. 모든 학교 안에서의 우리말 사용이 금지되어 국민학교 1학년 어린이들이라도 학교 안에서 우리말을 사용하다 들키면 처벌을 받았다. 책상이나 의자를 들고 몇 시간 서 있던가, 운동장을 몇 바퀴 돌게 하던가 방과 후 청소를 시키는 등 처벌이 다반사였다.

더욱 분통스러운 것은 모든 한국 사람에게 창씨 개명을 강요한 것이다. 외자로 되어 있는 한국의 姓을 두 글자로 만들게 하여 일본인 姓과 닮게 만든 것이다. 정말 생각해 보면 기가 막히는 일이었다. 8·15 광복이 없이 오늘까지 일제의 통치가 계속 되었다면, 우리의 문화는 영원히 역사에서 사라질 뻔한 것을 생각하면 소름이 끼친다.

수많은 한국 국민이 일본이나 만주의 탄광이나 군수품 제조 공장에 차출되어 소위 징용당하고 또 일본군에 동원되었다. 이들에 대한 정확한 통계나 명단도 아직 확인되지 않았었다. 최근 신문 보도에 의하면 일부 명단이 개인의 소장에서 파악 되었다고 한다. 어디엔가 공문서화 하여 있을 것으로 보이는 이들에 대한 정확한 자료는 아직도 발견되지 않았으며 이들 강제 징용에 의해 희생된 사람들에 대한 보상이나 확인 은 더욱 감감하다.

최근들어 사할린 교포들의 모국 방문에서 2세나 3세에서나마 가족의 상봉이 이루어지는 것을 보고 있노라면 이산 가족 문제는 그 뿌리가 더욱 깊은 것을 알 수 있다.

45년 전 우리는 일제의 쇠사슬에서 벗어나 독립을 되찾게 되었으나 얼마안 가 해방과 독립의 기쁨보다도 국토의 허리를 잘리는 남북 분단 의 고통이 이어지게 되었다. 아이러니컬하게도 가해자이며 패전국인 일본은 세계 제일의 경제 강국으로 번영에 번영을 거듭했고, 이들로부 터 36년간 고통을 당한우리는 국토가 분단된 채 6 · 25라는 동족상잔의 비극을 맛보아야 했으며, 동서 화해와 탈 이데올로기 시대를 맞아 그렇 게 두텁게 닫혀 있던 철의 장막이 걷히고 동서독의 장벽이 무너지고 있는 오늘에도 일천만 이산 가족의 눈물은 마르지 않은 채 통일의 염원 은 실현되지 않고 있다.

최근들어 통일에 대한 열기가 더해 가고 있으나 이것은 하나의 이상 일 뿐 실현에는 많은 인내와 진통을 겪어야 할 것만 같다. 여하튼 분단 의 고통은 일제의 침략 못지 않게 부끄러운 민족적 비극임을 다같이 인식할 때인 것 같다.

10여년 전, 오랫동안 프랑스의 식민지였던 서아프리카의 한 나라를 보고 놀란 일이 있었다. 이 나라는 1960년에 독립은 하였으나 프랑스인 교육자를 그대로 고용하고 있었기 때문이다. 우리가 해방과 더불어 일본인 관리나 교원을 모두 축출했던 반일 정책을 쓴 것과는 너무나 대조적이었다. 나는 프랑스의 식민지 정책이 현지민의 반감을 살 정도로 혹독하지 않은 줄 알았다. 그러나 알아보니까 그들도 우리와 같이 강제 징용도 당했고 차별 대우도 받았다고 한다. 그렇다고 독립된 지금 과거만을 탓하여 反佛을 한다면 이로울 것이 무엇이 있느냐는 반문이었다. 프랑스가 우리 선조들을 이렇게 혹독하게 구박하였다고 가르쳐 보았자 젊은 세대는 오히려 그들 선조의 무능을 탓하여 선조에 대한 불신만 더하지 않겠느냐는 것이었다. 나는 아프리카 교육자의 설명을 듣고 우리 반일 교육(나아가 반공 교육) 자체의 방법에 문제가 있지 않나 하는 의문을 갖게 되었다. 우리는 일본을 싫어하고 미워하는 것은 가르쳐 주었는지 모르나 일제 침략의 원인을 분석하고 그런 것이 재발되지 않게 방지하는 바른 역사를 가르치는 데는 실패한 것 같다.

오늘날 더욱 걱정스러운 것은 이러한 쓰라린 과거를 기억하고 45년 전의 광복의 기쁨을 맛본 인구가 전체 국민의 20%정도 밖에 안 된다는 사실이다. 우리는 80%의 일제를 체험하지 못한 국민들에게 올바른 역사 교육을 통하여 그러한 쓰라린 고난을 다시 당하지 않기 위하여는 무엇이 필요한 것인가를 똑바로 인식시켜 주어야 할 것이다. 그들을 시기하고 배척할 것이 아니라 일본의 번영을 가져온 그들의 근면성,

성실성, 책임성, 단결력, 애국심 등을 본받아야 할 것이다.

광복 45주년을 맞는 오늘 새삼스럽게 8·15해방 직후에 시중에 유행하던 '미국을 믿지 말고 소련에 속지 말고 조선 사람 조심하라. 일본이 일어난다'는 지적이 생각난다.

수년전 일본 역사 교과서에 나타난 왜곡 내용에 분개하여 5백억 가까운 국민 성금으로 건립한 독립기념관을 1987년 광복절에 준공하여 민족의 통일과 국가의 번영을 다짐하였지만, 보다 중요한 것은 이 기념관의 전시물을 보고 애국 선열들이 나라 위해 흘린 피에 감사의 눈물을 흘릴 줄 아는 국민의 애국정신이다. 분단 조국의 통일이 하루바삐 이루어지기를 기원하며 우리의 오늘이 있게 한 애국 지사들과 그들의 가족에게 국민 모두가 겸허한 자세로 감사와 경의를 표하는 데 인색하지 말아야 될 것이다. 또한 우리는 지구상에서 유일하게 남아 있는 분단 민족으로서의 부끄러움을 인식하여 분단의 고통을 최소화시키는 데 온 국민의 지혜를 모아야 할 것이다.   (1995. 8. 15)

역사 의식을 갖고

━━━

    여러분들 한 해 동안 수고 많으셨습니다. 그리고 금년에는 처음으로 우리 대학의 여러 부서에서 헌신적이고 모범적으로 수고하신 직원 몇 분을 추천받아서 시상을 했습니다. 국무총리 모범 공무원 시상도 몇 되지 않습니다만, 우리 대학에서 한 분이 수상하게 된 데 대해서 축하를 드립니다.

    여하튼 오늘 수상한 분 뿐만 아니라 모두가 열심히 일하신 줄 알고 있습니다. 아마 모두가 후회없이 맡은 바 소임을 다 하신 걸로 믿어서 우리 직원 모두에게 제가 상을 드리는 기분으로 이 자리에 섰습니다.

    늘 그렇습니다만, 1994년 한 해가 지나고 보니 정말 어떻게 지나갔는지 정신없이 지내온 한 해가 아니었나 생각이 됩니다. 문민정부 2차년을 맞아 그동안에 우리가 사회 각 분야에서 목표를 향해서 정신없이 달리다가 뒤를 돌아보니 여기저기 뚫린 구멍들이 나타나게 되고 이걸 정리하는 기간이 1994년이 아니었나 하는 생각을 하게 됩니다. 이러한 사회적인 변동은 우리나라 뿐만이 아니고 세계적인 시류입니다. 그동안 우리 인간들이 서로 경쟁적으로 남을 무시하고 자기만 잘 살아보겠다고 하는 그러한 갈등 논리의 문명사가 20세기를 지배해 온 것 같습니다.

이것이 결국 80년대에 들어서 동서 이데올로기의 갈등이 해소가 되고 대화합을 향해서 새로운 질서를 행하지 않으면 안 되는 이러한 고통을 각 처가 갖게 되었습니다. 그래서 기존 질서와 새 질서와의 갈등이 정말 우리가 놀랄 정도의 변화의 양상으로 나타나고 있습니다. 신문 지상에 보도된 것만 하더라도 사실 독일 같은 데서는 28살의 여성이 장관으로 발탁이 됐습니다. 엊그제 신문을 보니까 우리나라에서도 29살의 지구당 위원장이 대구에서 나왔습니다. 또 세계 각국에서 여성이 수상이 된 나라도 많이 있고, 이태리, 영국, 프랑스, 독일 등에서 총리급에 있는 많은 정치가들이 부정으로 인해서 자리를 내놓게 되고, 검찰의 조사를 받고 있습니다. 이웃 일본에서도 우리보다 더 큰 지각 변동이 일어났습니다. 40년간 지배를 하던 자민당이 완전히 몰락이 되고 새로운 세력 구축을 위해서 지금 정계에 큰 움직임이 있는 것 같습니다. 어떻게 보면 우리나라보다도 더 큰 변화가 외국에서 일어나고 있다고 얘기할 수 있겠습니다. 국내적으로 일어났던 일들은 우리가 너무나 잘 알고 있는 사실입니다만, 물론 남북 대결 상황에서 김일성이 우리 대통령을 만나기로 약속하고서 얼마 안 되어 사망하는 놀랄만한 일이 생겨났고, 또 국내 사사건건들은 정말 부끄럽고 또 우리에게 자만을 버리고 새로운 각오와 각성을 하게 만드는 큰 계기의 사건들이 아니었나 싶습니다.

성수대교 붕괴라든가, 가스 폭발, 선박 화재 등등 비일비재합니다. 우리가 우리 내부를 생각해 보면, 그런 사건을 유발할 것이 얼마든지 있었다는 것이 느껴져서 이것은 남의 일이 아니라 내 일이라는 생각을 우리 모두는 가져야만 되겠습니다. 이것이 곧 주인 정신이라고 하겠습니다. 이 사건들이 우리에게 주는 경각심은 무엇인가? 나는 딱 한 가지로 귀결된다고 생각합니다. 그것은 우리가 바른 마음을 갖고 바르게 행할 때에만 우리 문명의, 또한 인간으로서의 이러한 충격을 면할 수 있다. 나는 이것을 교육정도라고 표시하고 있는데 정말 우리 교육자들이 할 일이 너무 많고 또 질서를 바로잡은 정도주의라고 할까요. 이것을 더욱 강하게 추진할 때만 우리에게 밝은 미래가 있을 수 있습니다. 또 흔히들 얘기해서 인간성의 회복도 얘기합니다. 선을 향해서 용기있게 행하는 정신과 의지, 이것이 교육 활동이라고 생각하고 이것은 인간만이 할 수 있는 행동이라고 생각을 합니다.

그래서 바른 마음, 착한 마음, 너그러운 마음, 자기 욕심을 좀 더 억제하는 마음, 남을 생각하는 마음을 한 해를 보내면서 돌이켜 봐야 되고, 그 동안 경제, 경제해서 돈벌이에만 지나치게 치중한 나머지 썩어빠진 돈이라고 하는 것은 무의미해 진다, 썩어빠진 물건, 정신빠진 물건이라 하는 것은 우리 사회에 절대로 보탬이 되지 않는다 하는 것도 증거가 되지 않았나 생각합니다. 한 가지 교육 기관에 있는 사람으로서 반성해야 할 것은 우리가, 만일에 내가 그 자리에 있었다면 어떻게 됐을까 하는 것을 같이 생각해야 됩니다. 다행스럽게 우리는 대학이라고 하는 무풍지대에 서 있기 때문에 화를 면했지만, 인간이면 누구나다 그 자리에서 그 때에 그러한 상황에 처할 수 있다고 하는 것을 같이 공감해서 이러한 일들이 남의 일이 아니고 내 일이라고 하는 생각을 같이 가져 주시기를 바랍니다.

그 동안 우리 대학은 지난 한 해를 거쳐 바야흐로 10주년을 맞이하였습니다. 여러분들 모두 혼연일체가 되어 정말 자랑스런 대학으로 발돋움하였습니다. 부속고등학교도 개교를 보았고, 또 내년도 시설 예산을 비롯해서 일반 예산도 아마 금년보다도 40억이나 증액되는 예산을 확보했다고 하는 것은 정말 여러분들, 사무국뿐만 아니고 모두의 노력이었습니다. 특히 우리 교수님들의 훌륭한 연구 업적이 국내에 널리 알려졌고, 또 현재 약 1,800명의 우리 졸업생들이 교육 현장에 나가 있습니다만, 이 분들이 모두 다 우리 대학의 명예를 높이는 데에 큰 힘이 되어 주셨습니다.

우리가 국정감사를 10월달에 받았습니다만, 우리 대학을 다녀가는 분들은 모두가 다 성말 한국교원대학교가 숭요한 대학이구나, 앞으로 우리 교육을 맡겨야 될 그런 대학이라고 하는 그러한 신념을 가지고 모두 우리 대학을 바라보는 걸로 생각을 하고 있습니다. 그래서 여러분과 더불어 오늘 이 종무식에 참석하면서 저는 우리 대학이 제2의 도약을 위해서, 앞으로의 10년을 위해서 내년을 준비하는 한 해가 금년이었다고 하는 생각을 갖게 되었습니다. 엊그제 부속고등학교 신입생을 선발했는데 작년 신입생보다도 성적이 훨씬 더 많이 올라갔다고 합니다. 이렇게 우수한 학생들이 우리 부속고등학교에 모여든다고 하는 것은 좋은 증거라고 생각이 됩니다.

항상 우리 대학은 다른 대학과 다르다고 하는 생각을 여러분 모두가 가져주시기 바랍니다. 그리고 대학의 조직이라고 하는 것은 물론 사회 각 조직이 다 마찬가지겠습니다만, 이것은 하나의 산 조직체입니다. 그래서 우리 모두가 어떤 행동을 하느냐에 따라서 그 조직체 자체가 영향을 받게 됩니다. 근간에 교통사고도 더러 있었고, 학생들의 불미한 일도 더러 있었고 합니다만, 이것이 모두다 우리 대학 어느 구석에서 일어났던지 간에 우리 구성원들에게 일어났던 일이라고 하는 것은 기관의 아픔을 더해 주고, 또한 기쁜 일이 있었다고 하면 기관의 기쁜 일이 됩니다. 이것이 유기체입니다. 즉 생명이 있다고 하는 것을 뜻합니다. 오늘 말일을 맞아서 여러분들은 한 해를 회고하고 오늘 주무시고 내일 훌륭한 좋은 꿈을 꿔서 보다 밝은, 희망찬 1995년을 맞는데 후회 없는 기회가 되기를 바랍니다.

역사를 모르는 사람은 어제를 잊어버리기 쉽다고 합니다. 과거는 지나갔기 때문에 없다고 한다 그럽니다. 또 내일은 오지 않았기 때문에 없다고 합니다. 그래서 오늘에 사는 사람은 항상 방종하기 쉽고 자기 책임을 제대로 감지하지 못하고 인생을 실패하는 사람이 많습니다. 그러나 역사라고 하는 것은 우리머리 속에 있으며, 과거는 우리 머리 속에 있다고 하는 것을 역사학자들은 말합니다. 미래는 아직 오지 않았기 때문에 없는 것이 아니라 그것도 역시 오늘 우리가 내일을 어떻게 준비하느냐에 달려 있습니다. 즉 말하자면 역사는 우리가 만들어 가는 것입니다.

인간이 다른 동물과 다른 것은 역사가 있다고 하는 것인데, 그 역사의식이 없다고 하는 것은 우리 인간으로서의 가치가 반감하는 것입니다. 그래서 우리 모두가 지난 한 해를 돌이켜 보고, 우리 머리 속에 간직해서 무엇을 잘하고 잘 못 했는가를 생각하며 내일을 위해 우리가 새로운 각오를 할 때만이 우리는 역사 의식이 있는 공직자로서 최선을 다하는, 자기 직분을 다하는 모범 공무원이 된다고 생각합니다. 오늘 종무식에 공직자의 윤리를 총무과장이 읽었습니다만, 한 구절 한 구절 마음에 새겨서 행동에 옮기는 자세가 꼭 필요하다고 보고, 내년에는 그것을 더 실천하는 해로 이어져야 한다고 생각합니다.

다시 한 번 우리 대학 발전을 위해 여러분의 노력을 경주해 주신데 대해 감사드리고, 또 대학 공직에 있는 사람들은 직장뿐만 아니고 가정도 또한 제대로 이끌어야 됩니다. 혹시 가정 생활에 소홀하지 않았나 반성해 보고, 앞으로 더 밝은 내일을, 번영을 위해서 다짐하는 한 해의 마감이 되기를 빌겠습니다. 아울러 총장이 다하지 못한 부족함을 메꾸어 훌륭한 대학으로 발전시키는데 구석구석 수고해 주신 여러분께 감사를 드리면서 오늘 저녁에 아주 좋은 꿈을 꾸시기 바랍니다. 내년은 돼지해입니다. 돼지는 복의 상징이라는데 많은 복을 받는 해가 되기를 빌면서 송년사에 갈음합니다. 여러분 수고 많았습니다.

감사합니다. (94. 12. 31)

광복 전·후의 50년

———

　여러분 올해 을해년 돼지해 첫날을 맞아서 어제 저녁에 좋은 꿈을 꾸셨으리라고 생각이 되고, 또 새해에 여기 모이신 여러분들에게 많은 하나님의 은총이 함께 하기를 기원합니다. 오늘 원래 10시로 시무식이 예정되어 있었습니다만, 갑자기 온 눈으로 인해서 서울의 교통이 마비되어 집에서는 일곱시에 떠났는데 제가 좀 늦게 도착을 했습니다. 와서보니 서울에서 거주하시는 많은 교무위원님들, 교수님, 그리고 간부 여러분들이 일찍 모두 참석해 주신 데 대해서 감사를 드리고, 또 이 식이 한 시간 지연된 데 대해서 죄송한 마음을 금할 수 없습니다. 여하튼 늦게 출발을 했습니다만 부지런히 뛰어서 우리의 소원이 성취되는 한 해가 되기를 기대하겠습니다.

　1995년은 우리나라 역사상으로, 또 세계적으로 여러 가지 뜻을 갖는 해가 된다고 생각합니다. 물론 우리가 한 해를 보내고 새해를 맞음에 있어서는 항상 그 뜻을 되새겨 볼 수가 있겠습니다만, 금년은 남달리 많은 감회를 우리 국민들이 느끼지 않을 수 없는 해인 것 같습니다. 그것은 우리가 일제의 36년간의 국가를 잃은 그 설움에서 벗어난 지가 50년, 즉 말하자면 광복 50년을 맞는 해가 되겠습니다. 지난 광복 후에 50년간의 우리들의 발자취를 되돌아 보고 앞으로의 우리의 민족 국가 발전에 50년을 설계하는 첫해가 되는 것입니다.

그 동안에 우리 사회의 각 분야가 우리 국민들의 땀흘린 노력으로 인해서 많은 발전이 됐습니다만 우리가 다 아는 바와 같이 발전이 됐다는 것보다도 오히려 인간적인 측면에서는 많은 후퇴를 가져오고, 자랑스런 면도 많습니다만 세계의 웃음거리가 되는 그러한 사건도 적지 않다고 생각하고 있습니다. 그래서 광복 50년에 우리는 새 출발, 새 각오를 해야 되고 그 동안에 우리가 가장 소홀히 했던 민족의 정기를 다시 소생시키고 이것을 복원해서 통일을 앞당기고, 국토를 통일해서 보다 밝은 민족 국가를 형성하는 것이 큰 과제로 부각되는 것 같습니다.

어제 여러 가지 방송 매체를 통해서 금년을 설계하는 여러분들의 말씀도 듣고, 또 지상에 보도된 것을 여러분들이 다 보셨겠지만, 금년 8·15 경축일에는 일제시대에 우리 민족을 지배했던 총독부 건물이 헐리는 것 같습니다. 하지만 허는 것이 중요한 것이 아니고 그 헐은 후를 어떻게 할 것인가 하는 역사를 되새기는 일이야말로 우리가 하여야 할 일이라고 생각을 합니다.

그리고 세계는 이제 새로운 질서를 향해서 금년부터 World Trade Organization, 즉 WTO가 출범합니다. 그 동안 GATT라고 하는 조직체에서 각 나라의 주체에 의해서 많은 통제가 가해지던 무역 체제가 이제 세계 무역기구의 출발로 인해서 모든 나라들이 완전히 벌거벗고 서로 담을 허문 채로 무한 경쟁 시대로 돌입되는 것 같습니다. 여기에 발맞춰서 우리 정부도 세계화라는 슬로건을 내걸고 지금 많은 제도적인 개혁을 추진하고 있습니다. 그 뿐만이 아니고 전세계가 이제 그 동안 산업화에서 연유되는 공해 문제라든가, 환경문제, 복지문제, 또 평화 문제, 또 무한 경쟁을 하면서도 서로 공영을 추구하여야 할 이런 모순 가운데에 새해를 맞게 되는 것 같습니다.

서로 무한 경쟁을 하자고 하면서 서로 다 같이 평화를 유지하고 같이 번영하자 하는 것 같이 모순된 게 없다고 저는 생각을 합니다. 그래서 여기에는 강한 정신력과 자기를 잊지 않는 힘이 솟아나야만 이 새 시대에 부응하는 공직자로서 자기 의무를 다할 수 있다는 생각을 하게 됩니다.

한국교원대학교로서는 어렵게 출발해서 10년을 맞았습니다. 이제 앞으로 10년을 어떻게 우리가 도약의 길로 유도하느냐 하는 것이 우리 대학에 몸담고 있는 우리들의 자세가 아닌가 생각합니다. 내일을 위한 국가와 민족의 번영은 교육 개혁을 하지 않고는 안 되겠다 하는 정부의 강한 의지가 새해에는 다른 어느 분야보다도 교육계에 개혁의 태풍이 거세게 불어오리라고 생각하고 있습니다. 이 교육 개혁이 정말 올바른 방향으로 설정되고 그것이 올바른 방향으로 추진되도록, 그것도 최소한도 교원 교육 문제만큼은 우리 대학이 선도해서 개혁 세력들에게 뒷받침을 해 주고 올바른 개혁이 될 수 있도록 유도하는 것이 10년을 보내고 경험한 우리 대학인들의 책임이라고 생각을 합니다. 그리고 이 책임이 결코 가볍지 않고 쉽지 않다고 생각하고 있습니다. 그래서 우리는 오늘 새해 시무식에서 과거를 다시 한 번 반성하고 돌이켜 보고 이 변화 속에서 책임을 다할 수 있는, 밖에서 우리에게 기대하는 또 우리에 대해서 잘못 알려진 모든 책임을 다할 각오를 새로이 해야 되고, 자율과 경쟁 속에서 당당히 평가를 받아서 정말 한국 교원 교육의, 나아가서는 한국 교육의 중심체로 다 같이 한 번 만들어 보자는 생각을 갖게 됩니다.

모든 직종이 다 그렇습니다만 앞으로의 세계는 두 말할 것도 없이 창의적인 것, 연구하는 사람만이 창의적인 것이 아니고, 법률을 적용해서 행정을 이끌어가는 모든 분야에 창의적인 노력이 없이는 안 될 것 같습니다. 그리고 또 주체적인 노력이 없이는 안 될 것 같습니다. 그동안에 우리 사회가 여기까지 오는데 있어서는, 항상 변혁기에 있어서는 그런 걸 봅니다만 자기는 책임이 없고 항상 방관자로서 구경꾼으로서 이렇게 지내는 많은 사람들도 또 많은 사례들도 저는 경험해 왔습니다. 이제 그런 것을 뛰어넘어서 모두가 다 우리의 책임이다, 내가 해야 할 일이다 하는 마음으로 자기가 할 일과, 자기가 하지 않아야 할 일을 분명히 해서 자기가 할 일은 최대한 책임을 지는 그러한 자세가 필요하다고 생각합니다.

저는 우리의 주체적인 노력, 그걸 강조하고 싶습니다. 아울러 우리는 대학인입니다. 대학인이라고 하는 것은 사회에 최고의 지성이들의 모임이고 발전은 역시 대학이 제대로 인도하는 데에서 성과가 나온다고 생각을 합니다. 그래서 우리는 최대의 지도력이 필요하며, 지도력은 남을 강제로 이끄는 것이 아니고 스스로 따라오게 만드는 힘을 리더쉽이라고 말하는 것 같습니다. 그래서 우리 모두가 정말 지도력을 발휘하는 한 해가 되기를 바라마지 않습니다.

저는 1995년에 우리 대학을 위한 몇 가지를 생각을 했습니다.

첫째로, 우리는 어느 부서에서 일하든, 또 우리가 학생이든 교수든, 또는 일반 사무직이든 세계적 안목을 갖자 하는 말씀을 드립니다. 우리는 세계로 뻗어나가야 되겠습니다. 이미 세계가 우리 가슴 속에 다가와 있습니다. 요즘 우리 국민들이 해외에 나가서 여행을 하고 최근에도 아마 우리 교수님들과 대학원생들이 몇 나라 다녀오신 걸로 알고 있는데, 가는 곳마다 한국 사람들이 흩어져 있습니다. 그 분들이 올바로 해 주어야 되는데 많으면 많을수록 또 비난도 받는 것 같습니다. 우리가 세계적 안목을 길러서 세계로 뻗어가자는 말씀을 드리고 싶습니다.

둘째로, 우리가 모두 다 맡은 분야는 주인이 되자는 말씀을 드리고 싶습니다. 여러분들에게 모두 다 맡기고 싶습니다. 그 대신에 그 맡은 분야가 최선이 될 수 있도록 그 책임을 져야 될 것입니다.

셋째로, 최선을 지향하는 자세를 갖추자 하는 것을 강조하고 싶습니다.

넷째로, 제가 강조하고 싶은 것은 시간에 구애받지 말고 백년을 지향하자 하는 것을 생각했습니다. 여러분 성수대교가 무너졌습니다만, 또 많은 제도개선이 국회에서 토의되고 있습니다만, 항상 법이나 제도가 개선된 다음에는 더 큰 문제를 야기시켰습니다. 지금 지방자치제법도 만들기는 오랜 시일이 걸려서 만들었다고 생각됩니다마는, 당시 임기 응변적으로 만든 것이 적지 않습니다. 그래서 바로 개정을 추구하고 하는 것이 우리 주위에 적지 않게 있는 것 같습니다. 우리 공직자들은 또 우리 인간 모두가 그렇습니다마는, 지금 왔다가 또 다른 데로 가게 마련입니다. 내가 일년밖에 있지 않기 때문에 그때만 피하면 된다 하는 생각이 아니고 정말 백년을 지향해서 일을 하자 하는 말씀을 드립니다.

다섯째로, 제가 생각한 것을 할 수 있는 일을 스스로 하자 하는 것입니다. 안창호 선생님을 비롯해서 우리 민족의 미래를 걱정하는 많은 분들은 자력갱생이라는 말을 많이 한 것 같습니다. 스스로 다시 살아나는 그런 자세를 가져야겠다고 생각합니다. 그런데 우리는 모든 것들을 다 남의 핑계를 대고 이유를 댑니다. 자기가 할 일은 별로 없습니다. 이래 가지고는 우리같이 외로운 대학의 발전은 더욱 어렵다 싶어서 할 수 있는 일은 스스로 하자는 말씀을 드립니다. 그래서 몇 가지 구체적인 것도 이러한 방향에서 모두 다 생각을 해 주셨으면 합니다.

여섯째로, 우리가 지향하여야 할 자세는 화합과 협동의 정신입니다. 남을 헐뜯고 남의 잘하는 것은 되도록이면 숨기려 하고 자기 잘못하는 것은 가려서 자기만 과시할려고 하는 자세가 또 우리 지성인 사이에서 없지 않다고 생각합니다. 그래서 화합과 협동으로 남의 잘못에 대해서도 나도 같이 아픔을 느끼고 남이 기뻤을 때 같이 기쁨을 느끼는 그러한 직장이야말로 정말 화합된 직장이라고 저는 생각을 하고 모든 공직자가 그러한 자세를 가져야 된다고 생각합니다. 그래서 1995년에 우리의 근무 자세는 화합과 협동정신, 그리고 자기 책임의 정신이 같이 결집되기를 기대해 마지 않습니다.

끝으로, 우리 교원대학교에 대해서 조금 더 구체적으로 생각할 필요가 있다고 생각합니다. 왜 한국교원대학교가 생겼느냐 이겁니다. 다른 대학과 무엇이 다르냐 이겁니다. 강내면 다락리에 학생들을 전국에서 모아 사범 교육을 시킨다, 연수도 하고 그런다 이것만으로는 우리 대학의 존립 가치가 없습니다. 남이 그렇게 인식하지 않습니다. 다른 대학과 무엇이 다른가? 또 어떠한 프로그램이 다른가? 물론 생활관이 있긴 하지만 그것 가지고는 안 됩니다. 저는 이 모든 것이 기존 체제보다 훨씬 더 우수한 교사를 배출할 수 있고 훨씬 더 낫다고 하는 증거를 이제 우리가 제시해야 된다고 생각합니다. 그 증거가 무엇이냐?

저는 그 증거는 두말할 것도 없이 교육이라고 생각합니다. 교육이라고 하는 것은 인간의 마음에 있기 때문에 키가 커지고 눈이 커지고, 옷이 더 잘 입혀지고 그런 것은 생각하지 않습니다. 그 사람의 마음에 있다고 생각합니다. 그래서 이건 절대 보이는 것이 아닙니다. 안 보이는 가운데 제시가 되어야 합니다. 엄청나게 어려운 것입니다. 지금 사회 체제, 인간 체제에 대한 평가가 보이는 것만 추구하게 되니까 페인트칠만 하게 되고 겉으로는 멀쩡하면서도 속은 썩어 들어가고 병신이 얼마나 많습니까? 형식만 추구하다 보니, 이것을 타파하는 것이 우리의 자세라고 생각이 되어서 저는 이것을 사람 교육, 인간 교육의 풍토 조성, 그것은 두말할 것도 없이 도덕의 실현이요 실천입니다. 그래서 교원대학 가족의 행동을 보라 이거예요. 나는 그렇게 얘기하고 싶습니다. 마음은 보이지 않을 테니까 우리 교원대학 가족들의 행동에서 나타나는 마음을 보라, 이것을 풍토라고 합니다.

우리 대학에 들어오면 정말 사람사는 냄새가 풀풀 나도록 그렇게 이끌어야 되겠다, 그렇게 노력해야 되겠다 그걸 생각하고 있고 그 동안에 우리는 또 큰 성공을 했습니다. 그 동안에 다른 대학에 없는 국정감사도 여러 번 받았습니다만 그 분들 올 때마다 모두가 다 그런 냄새를 제가 보기에는 맡고 가지 않았나 이렇게 생각하고 있습니다. 또 우리 대학을 방문하는 많은 학회 회원들이나 우리 동료 전문가들, 학생들 또한 그러한 냄새를 맡지 않았나 그렇게 생각을 하고 있습니다. 그래서 우리는 모두가 다 사람 교육을 시키는 그러한 풍토, 이것이 우리 대학에 오면 사람 냄새가 물씬 풍기도록 대학 풍토를 조성해야 되겠다 이런 생각을 하고, 물론 물적 증거를 위해서 많은 것들을 제시해야 되겠습니다만 그것보다도 보이지 않는 우리의 정신 세계를 우리행동을 통해서 남들이 스스로 느낄 수 있도록 노력해 주시기 바랍니다.

우리 대학은 그 동안 정말 모두가 다 노력을 하셔서 1995년은 너무 자랑스런 한 해입니다. 국고 예산이 작년보다 40억이 더 늘었습니다. 이건 굉장한 겁니다. 그래서 시설비도 정말 역대 어느 해보다도 많은 초창기 수준의 시설비 30억이 확보되었습니다. 이대로만 나간다면 2~3년내에 우리 시설은 우리가 기대하는 수준으로 이끌어 진다고 저는 이렇게 생각하고 있습니다. 그 동안 여기에 사무국 강팀들이 내려와서 보이지 않게 수고해 준 데 대해서 감사드리고, 또 부속고등학교가 작년에 어렵게 개교를 해서 정말 송대헌 교장 이하 유봉호 교감, 또 12명의 교직원 모두 정말 굉장히 수고하셨습니다. 작년 1년 동안 고3같이 애들을 다뤘습니다. 얼마나 열심히 가르쳤는지 돈 한 푼도 안 받고 방과 후에 남아서 공부를 시키고 인간 교육을 위해서 모두 소그룹 담임을 시켜서 널리 소문이 났습니다. 그래서인지 12월달에 신입생을 뽑았는데 작년보다 성적이 월등하게 좋아졌습니다. 즉 말하자면 좋은 아이들이 우리 부속고등학교에 왔다 이겁니다.

한 예로써 연합고사에 190점 이상이 지금 1학년 학생들에서는 10명도 안 됐는데 이번 신입생에서는 27명이나 된다고 들었습니다.

그것뿐만 아니고 우리 교수님들이 다른 어느 대학보다도 많은 연구비를 획득하셨습니다. 한 예로써 과학교육연구소가 단일 연구소로서는 최고액인 1억 2천 5백만원이 확보되었습니다. 교가교육공동연구소는 10년간 2억씩 투자하게 되어 있는데 95년에는 25% 증액된 2억 5천만원이 되었습니다. 여러분들이 너무 잘해 주신 덕택입니다. 기타 국제 관계 연구라든가 학술 활동,또 학회 회장님들 우리 대학 교수님들이 많이 당선되었습니다. 그래서 이제 앞으로 기성회비 인상률도 정해야 되고, 오늘 교무위원회의에서 대체로 논의를 하려고 합니다.

또 금년에 우리는 대학 평가를 받게 됩니다. 1994년에 이미 7개 국립 종합대학이 평가를 받았습니다. 금년에 14개의 나머지 명문 사립 대학과 일부 국립대학이 받게 되는데 우리 대학은 금년으로 정했습니다. 그래서 아마 금년의 평가도 이러한 여러 지원 체제가 확대되므로써 잘 받게 되리라고 생각하고 있습니다.

그래서 몇 가지 구체적으로 제가 여러분들에게 이렇게 했으면 하는 것을 말씀드리면, 앞으로 예산 배정이나 지원에서 첫째로 우리 교수님들이 자발적, 자구적인 연구 지원을 좀 더 강조해 나가야 되겠습니다. 둘째로는 학생들의 교육 활동을 많이 지원하려고 생각하고 있습니다. 지금 학생들이 시국이나 비판을 하고 저희들 반성은 안하고 딴 짓이나 하고 그러는데 그것은 지원할 수가 없습니다. 그러나 학생들이 창의적인 노력으로 많은 학술 활동이라든지, 대학원생들을 포함해서 각 지역에서 학술 발표를 한다든지 이런 교육 활동에 대해서는 적극 지원을 해야 되겠다고 생각하고 있습니다. 그리고 대학원하고 학부하고 또 현장 교원들의 연수 기능의 유기적인 활동을 강화하려고 하고 있습니다.

지금 우리 대학은 양성 · 연수 · 연구 삼위일체로 체계적으로 하는 것 같지만 도표상으로만 그렇지 실제적인 프로그램 운영에서는 그렇지 않습니다. 세계가 너무 빨리 변하기 때문에 금년에 한 번 이 세 분야가 한 덩어리가 되지 않으면 힘들 것 같아요. 제가 이번 연초에 아주 큰일 났다 하고 느낀 게 있어요. 연초에 현장에 있는 몇 분이 세배를 왔는데 학생들이 늙은 선생들을 싫어한다는 거예요. 아이구나, 큰일났다 싶어요. 서울의 어느 명문 고등학교인데 영어선생님 중에 60세 넘은 분이 세 분이 있는데 잘 가르친다는 거예요. 그런데 애들이 그렇게 싫어한대요. 나도 60이 넘었거든요. 그래서 굉장히 걱정을 했습니다. 교육 공무원의 정년은 65세까지로 되어 있거든요. 그러면 어떡하면 늙은이가 젊은이에게 환영받느냐, 그럼 몇 살까지를 제일 좋아하냐고 하니까, 40세 전후, 그건 잘 못 가르쳐도 좋아한대요. 참 문제더라고요. 그래서 학부·대학원·연수원의 유기적인 프로그램이 많이 창출되었으면 그런 생각을 합니다.

그리고 시설면에 있어서는 지금 30억을 예상합니다만 지금 벌려 놓은 일들을 조금씩 조금씩 해 가지고는 힘들 것 같아요. 그래서 어딘가 우선 집중해서 했으면 좋겠다. 부속고등학교는 사실 다른 예산을 그리 전부 투입해서 지금 내년도 3학년까지 건물이 완성되어 있습니다. 그와 마찬가지로 효율적으로 우리시설과에서 검토하셔 가지고 생활관 기숙사나 자연관 그것이 좀 빨리 되었으면 하고 있습니다.

그리고 아까도 말씀드렸습니다만, 우리는 자구 노력을 강화해야겠습니다. 자구 노력, 지금 다른 대학은 굉장합니다. 봉급의 몇 %를 학교 발전 기금으로 내는 대학도 많이 있습니다. 우리가 물론 지금까지 불우 이웃돕기라든지 봉급에서 많이 하고 있습니다만 자구 노력을 특히 모두 예산을 들여서 하는 것보다는, 남의 손을 빌리는 것보다는 내 손으로 할 수 있는 것은 내 손으로 하자. 그래서 나는 학교 환경에 대해서, 지금 생활관 뒤라든지 잡초가 무성한데 그것은 우리 손으로 풀을 뽑았으면 싶습니다. 그래서 자구 노력으로 학교 환경을 자력으로 바꾸자는 말씀을 드립니다.

또 한 가지 국제화를 적극적으로 추진하겠습니다. 그 동안에 대학원 학생들이 특히 교육행정 전공이라든가, 지리전공 학생 몇 분들이 지금 2~3년째 해외 연수를 자체에서 하고 있는데 이것도 프로그램화해서 여러 분야로 충분히 할 수 있습니다. 그건 학교돈으로 하는 것이 아닙니다. 지금 자기네들이 적립을 한다든가 거기에 지도하는 교수님들의 여비 같은 것은 우리 예산을 잡는다든가 해서 이것은 국제화 추진에 협력 체제를 강화하는 방향으로 금년 예산을 짜겠습니다. 끝으로 금년에 더 중요한 해는 1996년 예산을 크게 확보해야 합니다. 그렇게 해야만 우리 대학이 지금 벌여 놓은 일이 마무리 될 뿐 아니고 완전히 기초가 굳어집니다. 저는 그렇게 생각을 하고 있습니다. 물론 사무국에서 모두 노력을 하겠습니다만, 우리 교수님, 교직원 모두가 이렇게 하자면 어떻게 해야 되는가? 결국 우리 제품이 좋아야 됩니다. 지난 연말에 우리 교무위원님들이 전국 시도에 방문하셔서 우리 졸업생들이 어떻게 하고 있는가 하는 것을 살펴보았습니다. 물론 구체적으로 1,800여명이 전반적으로 크게 환영을 받는 것 같아 아주 기쁩니다. 그러나 한 치의 오차도 없이 모두가 다, 1,800여명이 환영을 받을 수 있도록 우리가 노력을 했으면 하는 생각을 하고 있습니다. 그래서 국제화 협력체제도 조금더 체계화·제도화하겠다는 생각을 합니다.

여러분 제가 1995년에 생각하는 몇 가지를 말씀을 드렸고, 예산 편성 과정에서 이러한 것들이 완벽하게 되지는 않겠지만 다소 이러한 취지로 반영시키겠다 하는 약속을 드립니다. 금년 우리 대학은 정말 방학도 없고 휴일도 없는 대학입니다. 교무과에서 정말 수고가 많은 걸로 알고 있는데, 신입생도 6일날까지 마감한다 해도 우리 대학은 오늘로 거의 마감이 될 걸로 생각하고 있어 정말 걱정이 됩니다. 좋은 학생이 선발이 되고 계속 임용고사제도가 있습니다만, 그 결과 한국교원대학생들이 항상 최고이기 때문에 무조건 보증 수표로 해서 그냥 임용시키겠다 하는 풍토가 곧 자발적으로 이루어지도록 우리가 계속 노력을 해야 한다고 생각합니다.

또 계절제 대학원 원서 마감이 6일까지로, 약 280명 모집하는데 지금까지 1,200명이 지원한 것 같아요. 조금 더 지원해서 평균 5 : 1 정도 될 것으로 생각이 되는데 대학원 선발 시험도 있고 연수도 계속되고 있고 그렇습니다. 그리고 지금 연수계획도 교육부에서 여러 가지로 구상하고 있는 것 같은데 연수원에서 교육부와 긴밀히 협조해서 또 학부 대학원 관계는 양성과와 긴밀히 협조해서 미리미리 우리가 원하는 방향으로 결정이 되도록 다 같이 노력해 주시기 바랍니다.

오늘 늦게 시작한 데다가 제 말이 너무 길었습니다만, 이러한 방향으로 우리대학이 나갔으면 하는 바를 말씀드렸습니다. 각 부서에서 참고

하셔서 잘 신년계획을 세워 주시기 바라고, 지금 현재 행정분과, 학생분과, 그리고 교무분과에서 세 개의 개혁팀들이 그 동안 많은 작업들을 해 놨으리라고 생각이 됩니다. 금주 내에 모두가 성안이 되어서 기초나마 다음 주 전체교수회의가 있을 때에 이것이 모두 전달이 될 수 있기를 바라고, 또 종합 평가를 위한 연구팀이 조직이 되어서 지금 준비가 추진되고 있는데 거기서도 아마 좋은 것들이 많이 나오리라고 생각이 되고, 또 정태범 대학원장이 우리 대학의 10년을 맞아서 외부에서 궁금히 생각하는 많은 것들을 이렇게 혼자 많은 자료를 가지고 펴내셨습니다. 아주 감사드리고 여러분들 모두 참고해 주시면 고맙겠습니다.

시간이 너무 가서 죄송합니다. 끝으로 여러분들 새해를 맞아서 무엇보다도 먼저 모두 건강하고 축복받는 한 해가 되어서 우리의 소원이 모두다 성취되는 복 많은 돼지해가 되기를 기원하면서 지난 한 해 여러분들 각자 맡은 분야에서 땀을 흘려 주신 데 대해서 거듭 감사를 드리고 새해에도 많은 노력을 하셔서 화합되고, 협동해서 남이 부러워하는 대학 풍토를 같이 이루어 나가기를 여러분들에게 당부드립니다. 많은 복 받으시기를 다시 한 번 기원하면서 저의 신년사에 갈음하겠습니다.

(1995. 1. 3)

월드컵과 서울올림픽

———

88서울 올림픽에서 4위를 한 우리나라가 월드컵에서도 세계 4강에 오른 것은 매우 흥미롭다.

이번 월드컵의 성공은 우리나라의 위상을 크게 높였음은 물론 7천만 지구상의 한 민족에 자긍심을 듬뿍 심어주어 분단의 슬픔이나 일제 식민지시대의 수모를 잊게 하는데 충분했다.

포스트월드컵 政局 걱정

이와 같은 성공적 월드컵을 이루어낸 우리가 자랑스럽기도 하지만 88올림픽이 연상되어 앞으로 이어질 포스트 월드컵 정국이 어떻게 전개될지 걱정된다. 요사이 통치권자 주변을 둘러싼 많은 게이트 사건들이 월드컵 열기에 묻혀 잊혀진 듯 했으나 검찰 총수를 지낸 분이 조사

받기 위해 소환되었다는 보도를 보고 월드컵 성공 이후 청문회 정국이 될까 염려스럽다.

돌이켜 보면 우리 나라가 88서울 올림픽 성공을 국력신장의 기회로 삼았더라면, IMF 체제하의 수모나 연속 마이너스 성장에서 오는 국민적 고통을 덜고 지금쯤은 국민소득 2만달러 가까운 수준의 선진국은 되지 않았을까 상상해본다.

월드컵과 서울올림픽

돌이켜 보면 그때 우리는 오랫동안 지속된 권위주의 청산을 위해 과거 청산에 몰두하느라고 온 국민이 일상업무를 소홀히 한 채 중계되는 청문회 TV화면에 정신을 집중하였다. 그 동안 성역에서 묻혀 있던 많은 사건에 대한 궁금증이 올림픽 경기 못지 않게 국민의 흥미를 자아냈다. 사회의 민주화를 가져 왔으나 우리의 삶의 질 향상에 절대적 요건인 경제 발전은 멈춰지고 88올림픽의 영광은 순간적 환희로 끝나 물거품이 되고 만 것이다. 당시만 해도 88올림픽은 물론 스포츠 행사는 독재정권의 국민 우민화 정책이라는 비판을 받아 왔다.

이번 월드컵에서 우리 나라가 4강에 오른 것은 올림픽 4위와 연관지어 생각할 때 참으로 우리 한민족의 시대가 21세기에는 꼭 열리겠구나 하는 기대를 갖게 한다. 이에 우리 기억에서는 멀어졌지만 우리는 88서울올림픽의 의미를 되새겨보고 월드컵 이후의 한국을 생각해 보아야 한다.

우리 나라는 88서울 올림픽의 성공으로 세계로부터 인정을 받게 되었다. 미국과 소련 주도의 냉전체제하에서 모스크바 올림픽과 LA 올림픽이 동서진영으로 분열되어 반쪽짜리가 된 올림픽 경기를 88서울올림픽을 계기로 다시 통합하여 IOC가 오늘날 하나로 지속되고 있는 것이다. 아이러니컬하게도 동서냉전의 최대 희생국가인 분단국가 대한민국이 올림픽 주최국이 되어 소련의 붕괴와 동서독의 두터운 벽을 무너지게 하고 70년이 넘게 지속된 자유민주주의와 사회주의 체제 경쟁 종식의 계기를 만들었다.

민족통일 · 국운융성 기회

한국에 대해 무지했거나 오도된 정보로 잘못 알고 있던 세계 여러 나라가 올림픽을 통해 발전된 우리나라의 모습을 보고 자유민주체제의 우수성을 확인한 것이다.

한일 월드컵의 성공은 올림픽에 버금가는 많은 새로운 의미를 우리에게 부여해 주었다. 이번 월드컵은 유럽과 미주 이외의 지역에서 처음 개최된 경기다. 행사의 준비나 경기장의 완벽한 시설, 관중들의 성숙한 관전태도, 수백만의 거리응원단의 질서 있는 응원열기 등 세계에 우리나라 국민들의 성숙성을 보여주었다. 유럽의 축구강대국들을 차례로 물리치고 4강이라고 하는 경이적 성적을 태극전사들이 이룬 것은 우리나라의 국위선양뿐 아니라 한동안 침체되었던 코리아붐이 세계를 놀라게 했다.

우리는 이번 기회를 또 놓쳐서는 안된다. 이번 월드컵의 성공이 88올림픽처럼 허무한 결과로 끝나지 않도록 우리 정치권은 목전의 정파적 이익을 뛰어 넘어 지난날의 과오를 관용과, 반성으로 슬기롭게 극복하고 월드컵 성공열기를 전 국민적 화합과 민족통일 그리고 국운융성의 기회로 삼아야 한다.

월드컵 성공 도약의 계기로

―――

    이번 월드컵에서 우리 나라 축구팀이 비록 결승전에 진출하지 못한 것이 아쉽기는 하나 당초 16강을 목표로 한 우리 팀이 8강을 넘어 4강까지 진출한 것은 우리 민족의 영광이 아닐 수 없다.

    이와 같은 경이적인 성과는 히딩크 감독의 탁월한 지도력, 인내심을 가지고 감독의 지시에 따라 훌륭한 기술을 연마하고 팀플레이를 멋있게 수행한 태극전사들, "대~한민국", "오! 필승 코리아"를 열광적으로 외쳐댄 붉은 악마를 비롯한 전 국민의 응원 열기 그리고 월드컵 조직위원회를 비롯한 주최측의 치밀한 계획과 지원, 쉴 틈 없이 월드컵 경기와 응원 모습을 빠짐없이 알리는 데 밤을 세워 수고한 취재진과 TV 방송사 등이 가능케 한 것이다.

    이번 대사를 성공리에 치르고 난 우리에게는 지난 한달 간의 월드컵

열기를 우리 나라 발전의 기틀로 어떻게 승화시키느냐가 이제부터의 과제이다.

한국 문화에 정통한 한 젊은 외국학자가 붉은 악마에 대한 평을 했다는 보도가 있었다. 붉은 악마의 물결 속에서는 지역색도 학벌도 초월했다고 했다. 그러나 그런 평등의 축제라는 공간을 벗어나 학계나 정치계 같은 공간에서도 이어질 수 있을지에 대해 의구심을 나타냈다.

그는 특히 저조한 6.13 지방선거투표율에서 나타났듯 붉은 악마를 배출한 20~30대가 한국 민주주의의 튼튼한 기반이 되기보다는 현실에서 도피하고 싶어하는 측면을 보여줬다고 지적했다.

국운융성의 기회로 승화

이제 우리는 월드컵의 열기를 식히고 일상으로 돌아가 월드컵의 성과를 앞으로의 국운융성의 기회로 승화시켜야 한다.

이번에 무엇보다도 세계를 놀라게 한 것은 우리 선수들의 기량향상뿐만 아니라 붉은 악마의 오! 필승 코리아, 대~한민국의 외침일 것이다.

우리는 냉전시대를 겪으면서 붉은색 콤플렉스에 시달렸었다. 빨간색은 구 소련의 군대나 공산주의 국가의 군대를 상징하게 되기 때문에 6·25를 겪은 우리의 붉은색에 대한 기피현상은 당연한 것이다.

이번에 국내외에 보급된 붉은 악마 T셔츠에는 'Be the Reds' 라고 적혀있었다. 'the Red' 라는 단어는 적군(赤軍)이라는 뜻이다. 따라서 the Red는 '적군이 되자'로 번역될 수 있다.

이 적군이 만약 공산주의를 나타내는 the Red라면 큰일일 뻔했다.

그러나 붉은 악마의 응원 구호는 '대~한민국 짝짝짝 ~짝짝' 이다 분명히 이들은 대한민국을 사랑하는 붉은악마다. 세계 방방곡곡의 한민족 붉은 악마들이 한 목소리로 대한민국을 외친 애국심이 세계를 놀라게 한 것이다.

이제 붉은색은 공산주의나 그 추종세력의 독점색깔이 아니다. 한민족의 정열과 패기를 나타내는 색깔이 돼 냉전시대 잃어버린 권리를 되찾은 것이라고 볼 수 있다. 만약에 붉은색을 자기들 고유의 색깔로 생각했던 북한이나 다른 공산세계가 붉은 악마를 자기편으로 오해했다면 바로 고쳐야 할 것이다.

세계 일등국가 이룩해야

세계를 놀라게 한 민족의 단결력과 애국심 그리고 그 우수성을 계속 발전시켜 민족의 화합과 번영 나아가 분단극복의 원동력으로 삼아 세계가 부러워하는 일등 국가를 이룩해야 할 것이다.

이를 위해 국민 한 사람 한 사람이 월드컵 성공의 흥분을 가라앉히고 자기위치에서 무엇을 어떻게 할 것인가를 곰곰이 생각할 때이다.

달은 사라지고 손가락만 남은 세상이다. 달을 보라고 손가락질 했건만 보라는 달은 보지 않고 손가락만 쳐다보니 깨달음도 희망도 찾을 도리가 없다.

서민들은 먹고 살 일이 걱정이고, 뭉칫돈을 쥐고 있는 부유층은 돈

굴릴 방법이 없어 고민이고, 기업들은 장사가 안 된다며 아우성이다. 나라 밖에서는 군대를 파견하지 않는다며 눈총이고, 핵 문제는 살얼음 판을 걸으며 언제든 옥죄어들 기세지만, 그럼에도 불구하고 이런 문제를 해결해야 할 정치는 기 싸움과 힘 겨루기에 정신이 없다. 이런 현상이 온당한 일이 아님을 알면서도 언론은 여론조사 등의 방법을 빌려 국민을 이 소모적 싸움에 끌어들이고 있다. 정부도, 국회도, 언론도, 심지어 국민까지도 모두 정치를 하는 형국이 되었지만, 정작 정치는 길을 잃고 헤맨 지 오래다.

옛말에 '선악이 개오사'라 했는데, 현실은 선악이 끝모를 기 싸움의 빌미로 전락한 셈이다. 너도 벗고 나도 벗었다면 때를 미는 것이 순리인데, 때는 밀지 않고 서로의 때를 보며 손가락질하고 있는 것이다. 때가 있는 것을 몰랐던 것도 아닌데 왜 새삼스레 때를 놓고 싸움질인지 모를 일이다. 언제쯤 스스로 때를 밀고 상대의 등을 밀어주는지 알 수 없다.

정치는 상식이요, 순리다. 상식과 순리를 벗어난 정치는 정치가 아니다. 본래의 것을 본래의 자리에 놓는 것이 정치라 했는데, 본래가 아닌 것을 본래라 우기고, 본래의 자리가 아닌데 본래의 자리라며 싸움질이다.

상식과 순리 없이 무슨 잣대로 생각하고 판단하는지 모를 일이다. 그러니 달은 없고 손가락만 남은 격이라 할 수 있다. 정치란 완전함과 절대적 가치를 구현하는 도구가 아니다. 대화와 타협, 이해와 협력을 통해 공동의 가치와 이익을 추구하는 것이다. 그럼에도 불구하고 오로

지 상대에 대한 승리만을 추구한다. 그렇다면 승자가 상식과 순리를 얻는 것일까? 그렇지 않음을 우리는 역사의 교훈을 통해 잘 알고 있다. 따라서 승자라 할지라도 상식과 순리를 떠난 승리는 거센 저항을 받게 되는 것이다. 민심과 민의는 이런 식으로 얻을 수 없다.

우리 정치가 대중조작을 일삼고, 여론을 호도하고, 절대세력과 일방적 권력에 의지해 좌우되던 시대는 끝났다. 힘 자랑과 눈치보기로 빠져나갈 기회를 잡으려 하지 말고, 정도를 생각해야 한다. 고무신 몇 켤레와 사탕 몇 알로 민심을 얻던 시대는 갔다. "정치란 본래 그런 거야"라고, "민심은 본래 조석변인 거야"라며 아직도 옛 정서의 향수에 젖어 있다면 생각을 바꿔야 할 것이다. 본래 민심은 정치를 따라가는 것이 아니라, 순리와 상식을 따라가는 것이다.

"오늘은 이 문제로 상대를 압박하고, 내일은 저 문제를 들고 나와 상대의 공격을 방어한다면 우리 쪽 문제는 잊힐 것이고, 그러다 보면 민심에 허가 생길 것이니 그 틈에 승기를 잡으면 된다. 그러니 끊임없이 상대를 압박하고 반격하는 길만이 우리가 살길이다." 이런 것을 누가 정치라 하겠는가. 이것은 전쟁이다. 누가 정치인들에게 '내전'을 허락하겠나. 힘과 기회에 의존하는 것은 정치가 아닌 전쟁의 논리이다.

잘못은 잘못일 뿐이다. 큰 잘못, 작은 잘못을 가린다 해도 잘못은 잘못이다. 상태의 잘못으로 내 잘못을 가리려 하지만, 잘못으로 잘못을 가리려 하는 것은 기만행위이다. 잘못은 그에 상응하는 댓가를 치르거나 용서를 받아야 비로소 해결되는 것이지 잘못에 시시비비를 따지거나 변명한다고, 또는 저 잘못으로 이 잘못을 덮는다고 해결되는 문제가 아닙니다.

갑신년 새해가 밝았습니다. 올해는 총선 등으로 정치가 어느 때보다 중요한 시기입니다. 올해는 정치가 한 단계 성숙하는 해, 국민에게 희망을 주는 해가 돼야 합니다. 더 이상 변명과 힘, 그리고 기회주의적 사고로 나라를 혼돈에 빠뜨려서는 안 됩니다. 다시 상식과 순리 앞에, 민심과 민의 앞에 머리를 숙여야 합니다.

새해를 맞게 되면 지각 있는 사람이면 누구나 지난해를 되돌아보고 그것을 기초로 하여 새해를 위한 설계를 한다. 그리고 새로운 의욕과 열의로 그 계획을 수행할 것을 다짐하게 된다. 우리에게 새해의 의의가 바로 여기에 있다.

대한민국 헌정사와 역대 대통령에 대한 소고

———

역사에서 현재는 과거의 결과이며 미래로 가는 출발점이다. 그래서 과거와 현재와 미래가 분리된 것 같지만 하나이다. 그러나 힘의 논리로 볼 때 과거와 미래는 현재에 종속된다. 현재 힘을 가지고 있으면 그것이 곧 선이고 정의라고 주장한다.

대한민국은 1945년 8월 일제로부터 해방된 후 3년간의 미군정을 거쳐 1948년 5월 총선에서 선출된 제헌국회에서 1948년 7월17일 제헌헌법이 공포되고 초대 대통령 이승만 박사를 선출하여 8월 15일 대한민국이 출범하였다.

우리 헌정사에 대한민국 대통령은 이승만, 윤보선, 박정희, 최규하, 전두환, 노태우, 김영삼, 김대중, 노무현, 이명박과 현 박근혜 대통령으로 이어져 오늘에 이르렀다. 이승만 없는 윤보선 없고, 윤보선 없는 박정희도 있을 수 없다. 전두환 없는 노태우도 있을 수 없고 노태우 없는 김영삼도 있을 수 없다. 김영삼 없는 김대중도 있을 수 없고 김대중 없는 노무현도 있을 수 없다. 노무현 없는 이명박도 있을 수 없고 이명박 없는 박근혜 대통령도 있을 수 없다. 이와 같이 우리나라의 역사는 단절 없이 이어지는 것이다.

불행하게도 우리 헌정사에 평화적 정권교체가 이루어지지 못하고 정권이 바뀔때 마다 현직대통령이 전직대통령을 부정하고 폄훼하는 역사가 거듭되었다. 이승만, 윤보선, 박정희 전대통령이 그러했다. 1987년 10월 29일 현재의 단임제 민주헌법이 제정 공포된 후 평화적 정권교체는 이루어졌으나 전직 대통령들은 재임시의 잘못이나 보복 때문에 안전하지 못하였다. 심지어 헌법에 금지된 소급입법까지 하여 전두환, 노태우 두 전직 대통령은 후임대통령에 의해 단죄 되었다. 민주헌법을 공포하고 단임의 약속을 지킨 전 대통령은 정권이 다섯 번이나 바뀐 현재까지도 그 가족들까지 고통을 받고 있다. 평화적으로 정권을 이양한 대가를 아직도 치르고 있는 셈이다.

단임 약속을 지킨 것을 후회하게 만드는 것 같아 민망스러운 생각이 든다. 헌정사상 가장 서민적 대통령을 표방한 노무현 전 대통령도 정권 이양후 재임시의 과오 때문에 후임 정권의 조사를 받다 고민 끝에 스스로 세상을 떠나게 만든 비극도 경험했다. 이와 같은 전직대통령들의 수난이 대한민국의 정체성을 약화 시키고 대한민국의 긍정의 역사는 사라지고 부정의 역사로 인식되게 한 것이 아닐까 싶다. 여기에 우리의 역사 인식에 문제가 있다고 나는 생각 한다. 우리나라를 이끈 대통령들을 우리 스스로가 부정하고 모두 폄훼하기 때문이다. 법은 만인에 평등하여야 하기 때문에 전직 대통령도 법의 심판은 받아야 하지만 재임시의 공까지 모두 부정하는 것은 큰 과오이며 역사에 대한 죄악이라고 생각한다.

대한민국이 탄생한 이후 지난 66년간 우리는 6.25, 4.19, 5.16, 10.26, 5.18, IMF 등 여러 위기와 역경을 슬기롭게 극복하며 교육을 발전시키고, 경제를 발전시키고, 문화를 발전시키고, 민주주의를 발전시킨 결과 세계 11위의 국력을 자랑하는 선진국으로 발전 했다. 세계 제2차 대전 이후 강대국의 식민통치에서 독립한 나라들 중 산업화와 민주화를 동시에 달성하고 원조를 받는 나라에서 원조하는 나라가 됐다. 이것이 얼마나 감사하고 자랑스러운 축복 인가? 우리가 이룩한 이 성취에 대해 국민 모두가 큰 자부심을 가져야 한다. 그리고 각자의 정치적 입장을 떠나 나라를 이끌어온 역대 대통령들의 노고를 위로하고 감사하는 마음을 가졌으면 한다.

민주주의 정당정치에는 집권여당이 있고 이를 견제하며 정권을 빼앗기 위해 투쟁하는 야당이 있다. 오늘의 여당이 내일의 야당이 되고 오늘의 야당이내일의 여당이 되어 정권 교체가 이루어진다. 우리 헌정사 초기에 여야의 평화적 정권 교체가 이루어 지지 못 했다. 집권연장과 장기집권을 위한 부정선거와 독재정치로 인한 불행한 역사를 경험해야 했다.

1948년 7월 17일 제헌 헌법이 제정 공포된 후 10 차례의 헌법 개정이 있었다. 모두 정권연장과 장기집권을 위한 개정 이었다. 현재의 우리헌법은 1987년 10월 29일 제5공화국 국회에서 제정하고 제5공화국 전두환 대통령에 의해 공포된 민주헌법이다. 이 헌법의 시행일은 1988년 2월 25일 이다. 우리는 이 헌법이 제정 공포됨으로서 오랜 장기 집권과 권위주의 정치를 종식시키고 명실상부한 민주주의 국가가로 발전 했다. 그리하여 이법이 시행 된 후 노태우, 김영삼, 김대중, 노무현, 이명박, 현 박근혜 대통령까지 여야 정권이 평화롭게 바면서 민주주의 헌정이 흔들림 없이 지속 되고 있다. 1987년 10월 현재의 헌법이 제정 공포되고 시행됨으로서 우리는 건국과 산업화와 민주화의 법적 기조를 완성하고 당당한 자유민주주의 국기로 다시 태어난 것이다. 우리 헌정사에 크게 기억되어야 할 성취이다.

우리 정치 문화도 새 시대에 맞게 바뀌어야 한다. 과거 권위주의 시대의 민주화 투쟁에서와 같은 사생결단이나 탈법적 반대를 위한 반대가 아니라 여야가 대한민국에 대한 충성심에 기반을 둔 정책 대결로 나가야할 것이다. 여야가 국정의 동반자로 국리민복을 위해 헌신하고 국정에 공동책임을 지도록 하여야 한다. 우리나라는 민주주의 사회이며 민주주의 사회는 법이 지배하는 사회이다. 프랑스의 클레망스는 "자유란 다른 사람의 통제를 받지 않기 위하여 스스로를 통제하는 권리"라고 하였다 우리는 준법정신으로 뭉쳐야 한다.

오늘의의 국력의 성취는 정치적 자유를 억압한 산업화 세력이나 고속도록 건설도 원자력 발전소 건설도 88서울올림픽까지도 반대한 민주화세력 어느 한쪽만의 힘으로 얻은 성취가 아니라 우리 국민 모두의 희생과 노력의 성과라는 것을 인식하여야 한다. 건국과 산업화 그리고 민주화가 우리국민 모두가 함께 이룩한 위대한 대한민국 역사임을 새롭게 인식하고 자부심을 갖도록 하여야 한다. 그리고 우리역사를 영광의 역사로 승화 시켜야 한다. 우리 헌정시를 이끌어온 역대 대통령들의 노고에 대해 정파적 이해를 떠나 박수를 보내고 명예로운 대통령으로 만들어야 한다. 그리하여 대한민국의 과거 현재 미래가 단절과 부정의 역사가 아니라 한민족자존의 긍정의 역사로 바로 잡어야 한다.

지금 생존한 전직 대통령은 전두환, 김영삼, 이명박 세분이다.

전직 대통령들이 한자리에 모여 과거의 애증을 털어 놓고 서로 위로하며 나라를 걱정하고 지혜를 모아 박근혜 대통령이 나라를 잘 이끌고 국민의 행복을 위해 최선을 다 하도록 힘이 되어줄 수는 없을까? 정치적 중립을 지키며 교육계에서 일해 온 필자의 소박한 바램이다. 이것이 또한 나라의 장래와 국론분열을 걱정하는 많은 애국 시민들의 소망일 것이다. 대통령이 퇴임 후에 재임시의 과오로 법의 심판을 받는 일이 더는 없도록 민주주의 정치문화가 선진화되고 준법정신이 생활화 되어야 한다. 이것이 대한민국 사랑의 길이고 국민화합과 사회통합 그리고 더 나아가 남북통일을 앞당기는 길이다. -건국 66년 글 (2014. 8. 15)

폐기물

———

우리 나라는 지금까지 개발에 의한 폐기물의 배출밀도가 크게 높아지고 휴식공간으로 사용할 수 있는 녹지나 환경은 급격히 감소하고 있다.

농어촌 지역까지 고층아파트가 들어서고 주위경치가 아름다운 곳은 어김없이 대형 음식점이나 숙박시설 호텔들이 무질서하게 들어서 아름다움을 해치고 있다.

흉한 채석장 아름답게

최근 환경부가 파악한 바에 의하면 전국의 12개 댐에서 수거한 쓰레기가 4천5백t이나 된다고 한다. 댐 주변의 산과 계곡, 마을에서 폭우와 함께 쓸려오는 쓰레기는 나뭇가지와 폐비닐 음료수병에서 가구, 가전

제품에 이르기까지 쓰레기 처리장을 방불케 한다는 것이다.

지난달 중순 학생연수단과 함께 자매 대학인 캐나다의 빅토리아 대학을 방문하여 세계에서 몇째 안가는 아름다운 인공 정원이 이 도시 가까이 있다고 하는 것을 알고 놀랐다.

마침 우리고장 안면도에서 세계 꽃박람회를 성공적으로 치른 지 얼마 안되는 때여서 필자는 이 정원 도시에 대한 관심을 더 갖게 되었다.

브리티시 컬럼비아주로부터 21km떨어진 토드 하구에 위치하고 있는 뷰차트 정원(Buchart.garden)은 52만m²의 지역에 조성되어 있는데 그 유래를 살펴보면 우리에게 시사하는 바가 크다. 조그만 소박한 한 인간의 아름다운 생각이 얼마나 큰 문화적 가치를 창출하느냐를 우리에게 제시하고도 남기 때문이다.

98년의 역사를 자랑하는 이 정원은 보기 흉한 채석장에 꽃을 심어 아름답게 꾸며 보겠다는 채석장 주인 뷰차트씨 부부의 노력이 쌓여 오늘의 세계적 정원이 되었다고 한다.

이들 부부의 이름을 따서 뷰차트 가든이라 명명하고 매년 1백만명 이상의 관광객을 맞이하고 있다. 입장료 수입도 수천 만달러에 이른다고 한다.

우리나라에도 수많은 채석장이 있다. 지난 30년간의 산업화 과정을 통하여 경향 각지의 아름답던 강산이 개발과정에서 황폐화되고 보기 흉한 채석장이 적지 않게 흉물로 버려져 있다.

뷰차트 부부와 같은 훌륭한 환경사랑 사업가가 채굴에서 얻은 이익을 자기집 정원을 가꾸듯 꽃가꾸는 일을 시작한다면 앞으로 1백년 후에 여러 개의 한국적 뷰차트 가든이 생겨 우리 후손들에게 아름다운 자연 환경을 물려주고 관광수입도 크게 올릴 수 있게 되지 않을까 생각해 본다.

백년 후 후손을 위해

지금까지 인간은 자신의 욕망을 채우기 위하여 자연을 훼손시켜왔다. 개발과정에서 환경의 파괴와 폐기물 및 오염물질의 발생은 불가피하며 우리의 국토는 자연정화능력을 상실하고 있다.

파괴되고 오염된 환경을 복구하는 것은 많은 시간과 예산을 필요로 한다. 그러나 더 중요한 것은 환경에 대한 우리 국민의 의지이다.

우리는 아름다운 금수강산을 가진 나라다.

그 동안 너무 많은 환경을 우리 스스로 파괴하여 왔다.

이제 우리가 가지고 있는 남은 자연환경의 보호는 물론 그 동안 무계획, 무자비하게 인간 중심의 가치를 쫓아 개발하여 파괴한 환경을 보다 아름답게 새로 꾸미고 복원하기 위해서는 지도자와 국민들의 의식을 바꾸어야 한다.

우리 나라에도 앞으로 캐나다의 뷰차트 부부 같은 아름다운 마음을 가진 기업가가 나와야 한다. 1백년 후의 후손을 위하여 말이다.

"필자는 2005년 2월 25일에 대전대학교에서 총장 이임식을 함으로써 모든 공직생활에서 물러났다. 그날 이임식장에서 필자는 감회어린 이 임사를 했는데 이는 필자의 공직생활에 마침표를 찍는 일이나 다름없 었다. 이 이임사는 필자가 그간 지녀온 교육 철학과 이념을 응축시킨 점도 있다고 보아서, 본서의 에필로그로 삼아 여기에 신고자 한다."

대전대학교 제4대 총장 신극범 박사 이임사

"감사합니다. 부끄럽습니다."

존경하는 내외 귀빈 여러분! 학부모님 여러분! 그리고 혜화학원 대전 대학교 교직원 및 학생 여러분!

오늘 제가 혜화학원 대전대학교 제4대 총장직을 대과없이 마치고 퇴임하게 된 것을 무한한 영광으로 생각하며, 지난 4년 동안 저에게 베풀어 주신 은혜에 깊은 감사를 드립니다.

공사다망하심에도 불구하시고 오늘 저의 이임행사에 직접 참석하시 어 저에게 과분한 격려와 석별의 정을 나누어 주신 데 대하여 무어라 감사의 뜻을 올려야 할지 모르겠습니다.

옛부터, "회자정리"라 하여 만남은 이별의 시작이라 하였습니다만, 막상 4년의 약속된 임기를 마치고 떠나는 오늘, 이렇게 분에 넘치는 퇴임식 자리에 서고 보니 만감이 교차합니다.

사실 오늘 저의 대전대학교 총장직 퇴임은 4년간의 임기만료 이상으로 저에게는 큰 뜻이 있습니다. 오늘의 이 퇴임은 앞만 보고 달려온 저의 공직생활 반세기를 마감하는 자리이기도 하기 때문입니다.

돌이켜 보건데, 저는 1957년 3월 대학을 졸업하고 현 한밭대학교 전신인 대전공업고등학교 영어교사로 교육계에 첫발을 내디딘 후, 꼭 44년만인 2001년 3월에 교직생활의 출발점인 이곳 대전으로 돌아와 그 동안에 경험한 것을 바탕으로 대전대학교 총장직을 수행하였습니다.

지난 4년 동안 저는 정성을 다한다고 하였으나 그 성과에 대하여 결코 만족할 수 없고 부족함과 아쉬움이 제 가슴을 메우고 있습니다.

4년 전 부임초기에 학교 사정에 어두웠던 시기 이사장님을 비롯한 교직원 여러분들의 적극적인 지원에 힘입어 대과없이 이 자리를 떠나게 된 것을 생각하며 먼저 혜화가족 여러분의 이해와 협조에 심심한 감사를 드립니다.

세계 속의 명문사학 건설을 지향하여 제 2도약을 기약하는 역사적 시점인 2001년 3월 저는 대전대학교 총장직에 취임하면서 여러분께 몇 가지를 약속한 바 있습니다. 대학 운영의 자율성과 창의성을 강조하였고, 구성원 모두의 인화를 중요시 하겠다고 하였습니다. 투명한 행정을 약속 드렸고, 대학의 질적 고도화와 특성화 추진을 약속 드렸습니다. 그리고 글로벌 시대에 걸맞게 지역과 산·학·연·관 협력과 국제 교류의 활성화를 강조한 바 있습니다. 그리고 창학이념에 충실하게 총장직을 수행할 것과 재원확보, 교육환경 개선 등의 약속을 드렸습니다.

오늘 저는 제가 약속한 일들을 얼마나 성취하였는가를 반성해 봅니다.

우리 모두에게는 누구나 지난날을 망각하는 습관이 있으나, 4년 전의 대전대학교 모습과 오늘의 대전대학교 모습을 비교해 보면 개벽에 가까운 변화를 하였음을 느낄 수 있습니다.

누군가가 공정한 평가를 기할 수만 있다면 오늘의 대전대학교는 모두가 부러워하고, 중부권 뿐만 아니라 우리나라 어느 대학과 비교해도 변화의 폭이 큰 대학, 희망을 주는 대학, 미래가 있는 대학으로 인정받을 수 있다고 확신합니다.

이러한 변화는 그 동안 주모 있는 대학살림으로 1,200억에 가까운 시설 투자가 가능하도록 재정적 지원을 아끼지 않으신 임용철 이사장님과 혜화학원 법인의 뒷받침이 있었기에 가능하였습니다. 이 자리를 빌어 감사드립니다.

대전대학교가 2001년 4월 중소기업 기술지도대학선정, 2002년 1월부터 5년간 교육인적자원부 지정 지역 평생 교육정보센터 지정, 2002년과 2003년 연속하여 특성화 우수대학재정지원 사업선정 및 지방대학 육성지원사업선정 그리고 2004년에 오랜만에 지역협력연구센터(RRC)

의 선정 등 정부와 여러 국가기관으로부터 그 우수성을 인정받아 재정적 지원을 받기도 하였습니다.

그뿐만 아니라 용수골 대학촌 개발사업과 동서를 잇는 순환도로 공사가 멀지 않아 완공되면, 우리 대학은 접근성이나 경관면에서 어느 대학에도 뒤지지 않는 아름다운 자연친화적 그린 캠퍼스가 될 것입니다.

이와 같은 발전이 가능하도록 저와 함께 불철주야 땀흘려 주신 교무위원님들을 비롯한 보직자 여러분과, 교수님과, 직원 여러분과, 학부모님께 감사드립니다.

그리고 제가 재임하는 동안 대전대학교의 발전을 위해 많은 협조를 하여주신 지역의 지도자 여러분과 시민 여러분께도 감사드립니다.

존경하는 내외 귀빈 여러분! 혜화학원 대전대학교 가족여러분! 그리고 친지 여러분!

오늘 여러분께서 저에게 주신 격려에 다시 한번 감사드리면서 저의 감회를 몇 가지 말씀 드리고자 합니다.

저는 무엇보다 공직생활의 마무리를 고향인 대전에 와서 하게 된 것을 큰 축복으로 생각합니다. 4년 동안 고향의 친지 여러분의 인정어린 지원으로 총장직을 외롭지 않게 수행할 수 있었습니다. 특히 고향의 친구들이 자주 보내주신 양촌곶감의 단맛을 영원히 잊지 못할 것 같습니다.

더욱이 감사한 것은 본인과 혜화학원 대전대학교 구성원들 사이에

얽히고 설킨 관계를 부임 후 알게 된 후 참으로 세상만사가 인연으로 이루어지고 인연이 또한 일을 이루는 것임을 깨달았습니다.

사람이 아무리 능력이 있다 해도 그 능력을 발휘할 기회가 주어지지 않으면 그 능력은 빛을 보지 못하고 소멸됩니다. 이런 뜻에서 저의 경험을 쏟아 능력을 발휘할 기회를 주신 혜화학원 임용철 이사장님을 비롯한 대전대학교 가족여러분께 진심으로 감사드립니다.

저는 대전대학교 구성원 여러분과 혜화학원이 탄생하기 훨씬 전부터 많은 인연이 있었음을 발견하고, 가족 같은 기분으로 총장직을 즐겁게 수행할 수 있었습니다. 혹여나 짝사랑이였을지 모르겠으나 저는 참으로 행복함을 느꼈습니다.

교직원 여러분께도 물론 동기간 같은 친숙함에서 할 소리 못할 소리 다하고 꾸지람도 많이 했습니다. 이 자리를 빌어 혹시 서운한 점, 부족한 점이 있었더라도 마음에 담아두지 마시고 너그러이 이해하여 주시기 바랍니다.

저는 여러 가지 직업 중 교육자의 길을 택한 것을 큰 행운으로 생각합니다. 제가 이승만 대통령이 이끈 자유당 시절부터 지금까지 반 백년을 중단없이 공직을 계속할 수 있었던 것은 제가 교육분야에 몸담았기 때문이라고 생각하며 저의 선조님들에게 감사함을 느낍니다.

지금부터 약 백년 전인, 구한말에 저의 조부님께서 고향 논산의 은진 보통학교 훈도로 계셨고, 조상의 선비정신이 저의 핏속에 흘러온 덕분으로 생각하기 때문입니다.

교육은 인간이 동물에서 벗어나 사람으로 성장하기 위하여 필수 불가결한 과정입니다. 그러나 교육은 항상 정도를 가르쳐야 합니다. 잘못된 교육은 아니 받음만 못하다고 하는 사실을 우리는 명심하여야합니다. 교육자는 정의와 진리의 편에 서서 교육을 이끌고 또한 역사에 책임을 지는 자세를 가져야 한다고 생각합니다.

교육자는 무엇이 정의인가에 대해서 생각을 게을리 해서는 안 됩니다. 이해 타산적으로 정의와 진리를 해석해서도 안 됩니다. 정치인에게는 힘이 정의가 될 수 있을지 모르나 교육자에게는 '정의'가 힘이 되어야 합니다.

인류 문명사는 선과 악의 싸움의 연속이라고 볼 수 있는 바, 교육자는 항상 선의 편에서 인류의 공동선을 위하여, 그리고 일시적 편의를 위해서가 아니라 백년대계의 긴 안목에서 사리를 판단하고 행동하여야 한다고 믿고 있습니다.

우리나라는 세계에서 으뜸가는 향학열, 교육열을 가지고 있습니다. 그러나 유감스럽게도 올바른 교육관의 결함을 개탄하지 않을 수 없습니다. 사람사는 세상에 사람이 가장 중요하며 사람을 사람답게 하는 교육은 더욱 중요합니다. 그러나 오늘날의 교육은 사람에 봉사하는 것이 아니라, 물질과 명예에 지나치게 아부하는 도구로, 이기적 입신출세의 살벌한 투기 장으로 전락하여, 대학이 이렇게 많음에도 입시 전쟁으로부터 우리 청소년들을 자유롭지 못하게 하고 있는 것이 안타깝습니다.

모든 인간, 모든 우리 자녀들은 존귀한 존재입니다. 교육은 그들에게 희망을 주어야 합니다.

교육은 최고만을 위해 존재하는 것이 아니라 최선을 덕목으로 하여야 합니다. 인간을 줄 세워 우열을 가리는 수단으로 쓰여서는 안 된다고 생각합니다. 각자의 능력을 최대로 개발해 주어야 합니다.

교육은 사랑과 믿음에 바탕을 두고 배움과 깨달음, 그리고 즐거움이 있어야 합니다. 저마다 각기 다른 자질을 일깨워주고 가르치고 길러줌으로써 인간이 최대의 행복한 삶을 향유하도록 도와주어야 합니다.

저는 지난 반세기동안 한국 교육과 삶을 함께 하면서 이러한 철학을 가지고 오늘에 이르렀으나, 역부족으로 우리 교육의 오늘의 난맥상을 바로잡는 데 실패하고 현직을 떠나게 되는 것을 부끄럽게 느낍니다.

친애하는 대전대학교 가족여러분!

요사이 대학교육이 보편화되고 학생자원의 감소로 한국의 대학들이 위기에 처해 있고, 지나친 교육 외적 힘의 논리에 근거한 많은 비판 속에서 모든 대학들이 어려움을 겪고 있으나, 우리는 대학의 본질적 기능에 대해서 한번 더 생각할 필요가 있습니다.

대학은 끊임없는 사유와 연구를 통하여 보편적 진리와 가치를 추구함과 동시에 인류의 정신세계를 풍요롭게 하고, 사상과 학문의 정수를 전수·교육하여 사회발전에 기여할 창조적 인재 양성을 목적으로 하는 성스러운 인간성의 도장이라고 하는 것을 망각해서는 안 된다고 생각합니다. 그렇다고 우리가 옛날처럼 고답적 차원의 상아탑 속에만 머무를 수는 없습니다.

다 아시다시피 우리나라 대학은 환경여건이 어려워지고, 세계화 체제하의 무한경쟁 시대에 직면하여, 경쟁력 제고가 대학 생존의 필수적 과제입니다. 따라서 여러분 모두는 주인의식을 가지고 우리의 목표달성을 위해 최선의 노력을 다하여야 하겠습니다. 저는 여러분께서 화합과 협력의 혜화정신으로 뭉쳐 대전대학교의 발전을 촉진시킬 것으로 확신합니다.

저는 지난 4년 동안 대전대학교 생활에서 경험한 많은 추억들을 가지고 여러분 곁을 떠납니다. 앞으로 이 추억들을 되돌아 보면서 인생을 즐길 생각입니다.

한 가지만 여러분께 소개해 드리고자 합니다.

매해 등록금 인상을 하지 않을 수 없는 한국 대학의 현실에서 대전대만이 예외가 될 수는 없었습니다. 어느 해인가 이름을 알 수 없는 한 학생으로부터 이런 카드를 받았습니다.

"이 칼 안 든 도둑놈아, 너 때문에 우리 부모 등골 빠져! 이따위로 학교 운영할려면 학교는 왜 만들었어!"

저는 이 글을 읽고 다소 기분이 상했으나, 우리 학생들의 효성에 크게 감명 받았습니다.

효성이 있는 학생은 기본이 되어있는 학생으로서 등록금 인상에 당면한 상황을 이해시킬 수 있었습니다. 저는 기자들에게 이 글을 보여주고 대전대학교 학생들은 효성이 강하다는 것을 자랑하였습니다. 아마도 그 학생은 등록금 값을 하기 위해 더욱 열심히 공부하고 실력을 길러 훌륭한 인재로 성장할 것으로 믿고 있습니다.

존경하는 혜화 가족 여러분! 내빈 여러분!

저의 총장직을 이어갈 임용철 이사장님은 우리가 다 알다시피 지난 10여년간 법인 이사장으로서 우리 대학의 발전 계획을 주도해 오셨고 지난 4년간 제가 총장직을 원활이 수행할 수 있도록 모든 지원을 아끼지 않으신 분입니다.

이번에 임용철 이사장 본인이 직접 총장직에 취임함으로써, 명실공히 실세 총장으로서 혜화학원의 건학이념을 충실히 달성할 수 있는 능력을 갖춘 준비된 총장이라고 확신합니다.

그동안 본인에게 베풀어 주신 협조와 격려를 새로 취임하시는 임용철 이사장님께도 배가하여 베풀어 주시기 바랍니다.

이번 저의 퇴임행사 준비에 수고하신 선길균 기획협력처장과 남상호 교무연구처장, 그리고 허옥군 사무처장을 비롯한 준비위원 여러분께 감사를 드리고 퇴임문집 "화합의 리더십"과 저의 논문집 "변화의 시대 교육의 과제" 편집 출간에 밤을 새워 수고한 고광률 대전대 신문사 상임편집국장의 노고에 각별한 격려의 뜻을 전합니다.

그리고 지난 4년간 주말도 쉬지 못하고 총장 비서실 업무를 맡아 나와 함께 고생한 양덕주 실장, 김선영, 이은구님들께 감사의 뜻을 전합니다.

여러 가지 부족한 저를 오늘까지 이해와 관용으로 이끌어 주신 모든 분들께 진심으로 감사드리며, 은혜에 보답할 길을 찾는데 여생을 게을리 하지 않을 것을 약속드립니다. 제가 떠나더라도 혜화인의 한 사람으로 기억하여 주시길 바랍니다. 끝으로 혜화학원 대전대학교의 무궁한 발전과 이 자리에 참석하신 내외귀빈과 혜화가족 여러분의 건강과 행운을 기원하면서 이임 인사에 갈음합니다. 감사합니다.

2005. 2. 25
총장 신극범